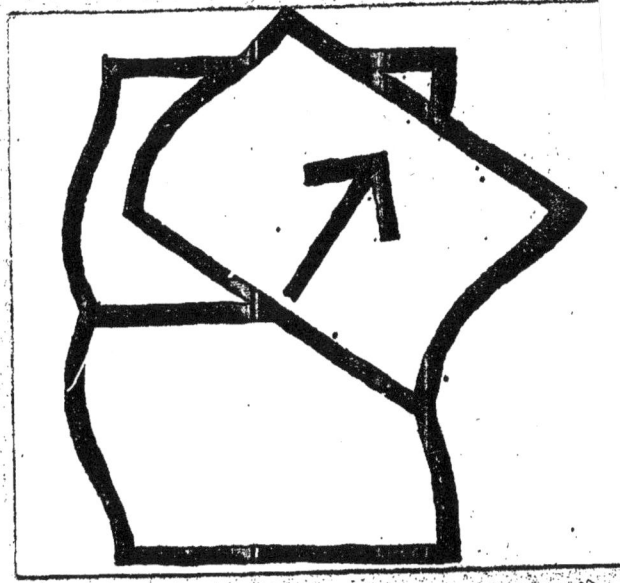

Couverture inférieure manquante

Original en couleur
NF Z 43-120-8

POLÉMIQUE D'ARISTOTE

CONTRE

LA THÉORIE PLATONICIENNE DES IDÉES

ESSAI PHILOSOPHIQUE

SUIVI D'ÉCLAIRCISSEMENTS SUR QUELQUES POINTS DU PÉRIPATÉTISME

PAR

Henry-Pierre CAZAC

ANCIEN ÉLÈVE DE LA SORBONNE
PROFESSEUR DE PHILOSOPHIE AU LYCÉE DE TARBES

TARBES
ÉMILE CROHARÉ, ÉDITEUR
32, Place Maubourguet, 32.

1889

POLÉMIQUE D'ARISTOTE

CONTRE

LA THÉORIE PLATONICIENNE DES IDÉES

EXTRAIT

du Bulletin de la Société Académique des Hautes-Pyrénées

POLÉMIQUE D'ARISTOTE

CONTRE

LA THÉORIE PLATONICIENNE DES IDÉES

ESSAI PHILOSOPHIQUE

SUIVI D'ÉCLAIRCISSEMENTS SUR QUELQUES POINTS DU PÉRIPATÉTISME

PAR

Henry-Pierre CAZAC

Ancien Élève de la Sorbonne
Professeur de Philosophie au Lycée de Tarbes

TARBES
ÉMILE CROHARÉ, ÉDITEUR
32, Place Maubourguet, 32.

1889

A MONSIEUR LÉON OLLÉ-LAPRUNE

Maitre des Conférences de Philosophie a l'École Normale Supérieure

Hommage respectueux
d'affectueuse gratitude et de profond dévouement.

POLÉMIQUE D'ARISTOTE

CONTRE

LA THÉORIE PLATONICIENNE DES IDÉES

Platon et Aristote admettent également l'idée fondamentale de tout rationalisme métaphysique,[1] l'opposition du monde sensible et du monde intelligible. L'un et l'autre philosophe assigne ainsi, dès l'abord, les limites de la théorie de la pensée et de l'être, et en circonscrit pour jamais le domaine. Ce qui passe, ce qui est sujet à la génération et au dépérissement ne peut, en tant que tel, devenir matière de connaissance. Il n'y a pas de science de l'accident, du phénomène, de la réalité particulière et concrète. L'universel, c'est-à-dire l'ensemble des caractères généraux par lesquels les êtres révèlent leur originelle communauté de nature, voilà l'objet véritable du savoir humain.[2]

---

1. Système d'après lequel la raison humaine, considérée comme objective, affirme l'existence d'un monde transcendant, de quelque nature qu'il soit, antérieur et supérieur au monde de l'expérience.

2. Τοῦ κοινοῦ αἱ ἐπιστῆμαι λέγονται τε καὶ εἰσίν. — *Ethic. Nic.* X, x, 15. — Περὶ τὸ καθόλου αἱ ἐπιστῆμαι. — *Ethic. Nic.* X, x, 16. — Ἡ μὲν ἐπιστήμη τῶν καθόλου ἐστιν. — *Met.* XIII, x, 1. — Οὐδεμία περὶ τοῦ ὄντος κατὰ συμβεβηκός ἐστι θεωρία. — *Met.*, VI, ii, 6-7. — Ἐπισκοπεῖ καθόλου περὶ τοῦ ὄντος ᾗ ὄν. — *Met.*, IV, p. 61, l. 14. — Τὸ ὄντως ὄν. — PLATON, *Passim.* — Τί τὸ ὄν ᾗ ὄν. — *Met.*, VI, 1; XI, IV, 7; etc., etc.

DEBUT DE PAGINATION

Mais quel est, pour chaque individu, le principe de la fixité générique ou spécifique?[1] Toute existence se conforme, en quelque mesure, à un plan régulier et immuable. Les partisans même du hasard, Démocrite, Leucippe, professent, d'une manière plus ou moins explicite, la croyance à un ordre sans lequel les choses demeureraient incompréhensibles. Cet ordre, ce plan, cette fixité des espèces et des genres procèdent-ils, ainsi que l'a pensé Platon, de l'action continue sur l'univers d'exemplaires supérieurs aux êtres, Idées éternelles, archétypes absolus, distincts en même temps et de la Pensée divine, et du monde matériel et physique?[2]

C'est contre cette sorte de *Réalisme* qu'Aristote, moins respectueux de l'enseignement du Maître que de ce qu'il considère comme la vérité, dirige sa célèbre polémique. Sa parole ne fût-elle pas là pour nous assurer de son entier désintéressement et de sa sincérité philosophiques, parfois si étrangement contestés,[3] il suffirait de rappeler de quel culte,

---

1. « La doctrine des idées fut, chez ceux qui la proclamèrent, la conséquence « de ce principe d'Héraclite qu'ils avaient accepté comme vrai : « Toutes les « choses sensibles sont dans un flux perpétuel ; » principe d'où il suit que, s'il y a « science et raison de quelque chose, il doit y avoir, en dehors du monde sen- « sible, d'autres natures, des natures persistantes ; car il n'y a pas de science de ce « qui s'écoule perpétuellement. » (*Met.*, XIII, IV, 1 ; traduct. PIERRON et ZÉVORT).

2. Ἰδέαι χωρισταί. « Socrate avait eu le premier la pensée de donner des « définitions. Platon, héritier de sa doctrine, habitué à la recherche du général, « pensa que ces définitions devaient porter sur des êtres autres que les êtres sen- « sibles ; car comment donner une définition commune des objets sensibles qui « changent continuellement ? » (*Met.*, I, VI, 3-4 ; Traduct. PIERRON et ZÉVORT). « Socrate n'accordait une existence séparée ni aux universaux, ni aux définitions. « *Ceux qui vinrent ensuite* les séparèrent et donnèrent à cette sorte d'êtres le nom « d'Idées. » (*Met.*, XIII, IV, 3).

3. La noblesse de caractère d'Aristote et la délicatesse de son cœur sont prouvées par sa vie entière. Orphelin et confié, dès son bas âge, à Proxène d'Atarnée, il garda, jusqu'à la fin, pour son tuteur et pour la femme de ce dernier, la plus tendre reconnaissance. Son testament émet le vœu qu'on dresse des statues à l'un et à l'autre. Antérieurement, d'ailleurs, lors de la mort de Proxène, il en avait adopté l'enfant et l'avait uni à sa propre fille Pythias. Outre son *Péan à la Vertu* et au souvenir de son autre ami Hermias, dans lequel sa douleur s'exhale avec une si touchante poésie, on connaît les vers composés par lui pour le mausolée qu'il éleva, dans le temple de Delphes, à la victime d'Artaxercès. Plus tard, peu de temps avant de s'éteindre, le philosophe dut quitter Athènes, accusé de sacrilège, pour avoir consacré pieusement des autels à la mémoire de sa première épouse et de ce même Hermias. On sait aussi que le testament d'Aristote n'oublie aucun de ceux qui lui furent chers ou qui l'approchèrent, pas même le plus humble de ses esclaves. Comment croire qu'une âme aussi généreuse ait pu

de quels honneurs, l'auteur de la *Métaphysique* entoura le souvenir de Platon. « Ne nous dissimulons pas, lit-on dans l'*Ethique à Nicomaque*, « qu'une recherche du genre de celle qui nous occupe peut être pour « nous assez délicate, le système des Idées ayant été présenté par des « personnes qui nous sont chères. Mais on trouverait bien, sans doute, « et l'on regarderait comme un devoir de notre part que, dans l'intérêt « de la vérité, nous fissions la critique même de nos propres opinions, « surtout alors que nous nous piquons d'être philosophes. Ainsi, entre « l'amitié et la vérité, qui toutes deux nous sont chères, c'est une obli- « gation sacrée de donner la préférence à la vérité.[1] »

Essayons donc, selon l'esprit même du péripatétisme, de ramener à ses points essentiels la critique qu'Aristote oppose à la doctrine des Idées. Nous serons conduits, par là, à rechercher quelle théorie il y

---

céder à de mesquines préoccupations ou à une basse jalousie? Songe-t-on que l'admiration d'Aristote pour Platon fut à tel point respectueuse et durable qu'il lui dédia un monument religieux, dont l'inscription célébrait la vertu de ce penseur « que le méchant n'a pas le droit de louer, et qui a montré, par sa vie et par sa « doctrine, comment l'homme bon est en même temps l'homme heureux? » Pour avoir été le disciple d'un grand homme qu'on égale, faut-il adopter aveuglément toutes ses théories ? Dès le début de sa carrière philosophique, Aristote combattit, sans nul doute, la doctrine des Idées, et, resté l'ami de ses camarades de l'Académie, notamment de Xénocrate, il ne prétendit jamais à la succession de Platon. Ce n'est pas sans motif que, dans le *Parménide*, le jeune personnage qui présente quelques-unes des objections de l'auteur de la Métaphysique contre le système des Idées, porte le nom même d'Aristote. Celui que Platon appelait, dès lors, « *le liseur* » et « *l'entendement de son école* » avait, évidemment, sans préjudice de son amour pour son maître, manifesté de bonne heure son indépendance et révélé l'originalité de son génie. — Voir : *Diogen. Laerc.*, V, 1, 35 ; DENYS D'HALICARN., *Lettr. à Ammæus*, 1, 5 ; l'auteur anonyme d'une *Vie d'Aristote*, écrite sans doute d'après Hésychius ; MÉNAGE, édit. de *Diog. Laerc.*, T. II ; le *Pseudo-Ammonius*; le *Pseudo-Hésychius*; SUIDAS, art. Ἀριστοτέλης. Textes réunis par BUHLE dans l'*Edition complète des œuvres d'Aristote*, qu'il avait commencée de 1791 à 1800. T. I. Modernes : 1ᵉʳ Liv. du pamphlet de PATRIZZI, *Discussiones Peripateticæ*; SCHOTT, *Vie comparée d'Aristote et de Démosthène*, in-4°, Augsbourg, 1603 ; plus particulièrement STHAR, 1ᵉʳ vol. des *Aristotelia*, 2 vol. in-8°, Halle, 1832 (allem.); Toutes les *Biographies* des *Dictionnaires* et des *Histoires générales*; BAYLE, *Biographie universelle*; ZELL, *Encyclopédie* (allem.); BLAKESLEY, *Vie d'Aristote*, 1839 (angl.) ; BARTHÉLEMY SAINT-HILAIRE, dans le *Dictionnaire des sciences philosophiques* de FRANCK ; BOUTROUX, dans la *Grande Encyclopédie*, etc., etc.

1. *Ethic. Nic.*, I, III, 1. Platon lui-même, critiquant Homère (*Répub.*, X, édit Cousin, p. 235), fait une semblable réflexion. « On doit plus d'égards à la vérité qu'à un homme. » Cousin croit, après Camérarius, que c'est là l'origine du mot célèbre d'Aristote. Traduct. BARTHÉLEMY SAINT-HILAIRE.

substitue, et s'il n'est pas possible de découvrir, dans les écrits des deux penseurs grecs, les éléments d'une conciliation et d'un accord.

I

Le premier reproche qu'Aristote adresse à Platon, c'est de n'avoir tenté nulle part de prouver l'existence des Idées. « Aucune des raisons « sur lesquelles on appuie cette existence n'a une valeur démonstrative. « Plusieurs n'entraînent pas nécessairement la conclusion qu'on en « déduit; les autres mènent à admettre des Idées d'objets pour lesquels « la théorie ne reconnaît pas qu'il y en ait.[1] » A cela on pourrait répondre qu'il suffit, pour légitimer la conception platonicienne, d'établir l'impossibilité où est le naturalisme de rendre compte du monde des sens. Mais, avant d'accepter une telle fin de non-recevoir, il faudrait avoir épuisé tous les moyens d'expliquer l'universelle ordonnance des choses, et c'est, comme Aristote le montrera en proposant son propre système, ce que Platon n'a pas fait.

La doctrine des Idées, d'ailleurs, atteint-t-elle le but auquel aspire Platon : déterminer l'origine de la nature physique, dégager, à travers l'incessante fluctuation des formes matérielles, le principe de l'immutabilité des types généraux ? « Une des plus grandes difficultés à résoudre, « ce serait d'indiquer à quoi servent les Idées aux êtres sensibles éter- « nels, ou à ceux qui naissent et périssent... Elles ne sont d'aucun « secours pour la connaissance des autres êtres.[2] » L'hypothèse d'une sphère intelligible séparée, d'Idées en soi, indépendantes de tout principe autre qu'elles-mêmes, double inutilement la nature, au lieu de l'expliquer. « Pour rendre compte des êtres qui tombent sous nos sens, « on introduit d'autres êtres en quantité égale ; comme quelqu'un qui, « voulant compter, et n'ayant qu'un petit nombre d'objets, croirait l'opé- « ration impossible, et augmenterait ainsi le nombre afin de compter « mieux.[3] » L'homme en soi, l'animal en soi ne sont rien de plus, au fond, que nos notions de l'animal ou de l'homme auxquelles s'ajoute,

---

1. *Met.*, XIII, IV. Traduct. PIERRON et ZÉVORT.
2. *Met.*, XIII. Traduct. PIERRON et ZÉVORT.
3. *Met.*, I, VII. Même traduct.

sans profit, la conception d'une certaine subsistance idéale indémontrable. « Les prétendues causes exemplaires se réduisent à des généra-
« lités suivies du mot « en soi » comme ces Dieux que le vulgaire se
« représente tout semblables à des hommes, mais à des hommes
« éternels.[1] »

Ce n'est pas tout, en effet, que de supposer, au-delà du monde qui se voit, une réalité essentiellement différente et hétérogène. Cette dernière aura besoin, à son tour, d'un nouveau groupe d'archétypes antérieur et supérieur qui la rende possible. De l'homme sensible on ne devra pas seulement passer à l'homme en soi, mais encore à un *troisième homme*, et ainsi de suite indéfiniment.[2]

Les Idées, instituées pour résoudre le problème de l'existence universelle, ne sauraient, de quelque manière qu'on les entende, concourir à la conservation ni à la formation des choses.[3] Si l'Idée est substance, on ne voit pas comment elle peut rester séparée des êtres dont elle est la substance, (χωρὶς τὴν οὐσίαν, καὶ οὗ ἡ οὐσία), pas plus qu'on ne conçoit le rapport qui s'établit entre les deux ordres qu'il s'agit d'unir, en les distinguant, (τρόπος καθ'ὃν τἆλλα ἐκ τῶν εἰδῶν ἐστίν). Le général, en un mot, n'existe que dans l'individuel, (τὸ καθόλου μὴ ἔστι τι παρὰ τὰ καθ'ἕκαστα); et, d'autre part, considérer les Idées comme des modèles que les objets *représenteraient* partiellement ou dont ils *participeraient*, c'est faire de poétiques métaphores, non parler le langage austère de la science (τὸ δὲ λέγειν παραδείγματα εἶναι καὶ μετέχειν αὐτῶν τἆλλα, κενολογεῖν ἐστὶ καὶ μεταφορὰς λέγειν ποιητικάς.)

L'impossibilité, pour l'Idée, de subsister tout ensemble en soi et hors de soi, l'inanité de tout effort tendant à établir une relation entre le monde intelligible et l'univers matériel, tels sont, suivant Aristote, les défauts essentiels de la doctrine platonicienne.[4]

---

1. Met., III, p. 41, l. 19. Voir Ravaisson, *Essai sur la Métaphysique d'Aristote*, T. I, p. 296-297.

2. Pour le développement de l'argument du *troisième homme*, voir Pierron et Zévort, Met., I, vii, p. 44, et XIII. Platon a répondu à cet argument dans le *Parménide*.

3. Voir, pour ce passage, Met., I, ix, 15-16; V, viii, 14; XII, x, 22; XIV, iii, 12; iv, 9, etc.

4. Voir Appendice. Note I, *Du Platonisme*.

Comment, d'abord, les choses périssables, qui sont dans un flux continuel, et n'ont qu'une ombre d'existence, s'uniraient-elles à l'être immuable des Idées? Cette intime liaison des archétypes généraux et des images qui les reproduisent n'est-elle pas une vaine fiction?

Pythagore avait enseigné que la sphère sensible est une *Imitation*, une copie, μίμησις, du monde des Nombres.[1] On retrouve, dans le *Timée*, cette théorie qui, d'après quelques critiques contemporains, constitue le fond même du platonisme.[2] Mais que d'objections elle soulève! Se peut-il que les objets matériels, où Platon n'a vu qu'instabilité et variété, soient en rapport de ressemblance avec ces essences individuelles, ces principes fixes, ces réalités indépendantes et séparées qu'il nomme Idées? Par quel inexplicable renoncement les Idées, qui ont pour caractère originel l'immutabilité, se meuvent-elles et entrent-elles en communication avec la matière? Quel moyen terme découvrir entre le *déterminé* et l'*indéfini*, l'*un* et le *plusieurs*, le *même* et l'*autre*?

Ou l'on doit regarder les Idées comme des causes de changement, d'activité, et alors ce ne sont plus des exemplaires, au sens platonicien; ou elles demeurent immobiles, et, dans ce cas, quelle influence sont-elles appelées à exercer sur la matière? Il reste à supposer, sans doute, que la matière, possibilité logique de l'existence, est poussée vers l'être par un secret désir, qu'elle possède une tendance primordiale à s'actualiser, à se spécialiser, à revêtir, en un mot, une forme en vue d'une fin. Mais cette doctrine des possibles qui aspirent à se réaliser, loin d'être platonicienne, partirait, au contraire, de la maîtresse-conception du péripatétisme. Il semble donc que la théorie de l'Imitation ne rende compte ni du mouvement, ni de la relation étroite des Idées avec le monde : la matière et les archétypes éternels sont, dans cette hypothèse, condamnés à un absolu isolement.

Le système de la *Participation*, μέθεξις, développé surtout dans le *Parménide*, mais dont le *Sophiste* et le *Phédon*, sortes de dialogues de transition, contiennent déjà l'ébauche, offre-t-il une explication plus

---

1. « On appelle les objets sensibles une *imitation*, μίμησις, des êtres intelligibles. » *Met.*, I, vii. Voir RAVAISSON, T. Ier, p. 289-290.
2. Voir FOUILLÉE. *Philosophie de Platon, passim.*

satisfaisante?[2] Les objets matériels n'ont de réalité, ici, qu'autant qu'ils participent des Idées. Il n'y a point seulement ressemblance entre la forme idéale et la forme visible : il y a, si on peut dire, société, fusion, κοινωνία, de la matière et de l'Idée.[2] L'Idée est le *paradigme* auquel les êtres contingents empruntent l'existence, d'où ils tirent leurs mutuels rapports et jusqu'à leurs noms. Elle subsiste à la fois en tant qu'attribut distinctif et en tant que cause exemplaire des choses.[3]

Mais, dès lors, sur quel principe Platon se fondera-t-il, quand il faudra déterminer de quels objets il y a des Idées et de quels objets il n'y en a point ? Si toute ressemblance présuppose un modèle unique, il y aura des Idées de défauts et de privations, comme il y a des Idées de perfections et de qualités. Car ce qui ne se trouve pas dans tel ou tel individu est, aussi bien que ce qui s'y trouve, susceptible d'être classé logiquement. « D'après les considérations tirées de la science, il
« y aura des Idées de tous les objets dont il y a science..., non seule-
« ment des essences, mais de beaucoup d'autres choses. Il y a, en effet,
« unité de pensée, non seulement par rapport à l'essence, mais encore
« par rapport à toute espèce d'être. Les sciences ne portent pas
« uniquement sur l'essence, elles portent aussi sur d'autres choses.
« Mais, d'un autre côté, — et cela résulte même des opinions reçues
« sur les Idées, — il est nécessaire, s'il y a participation des êtres avec
« les Idées, qu'il y ait des Idées seulement des essences. Car ce n'est
« point par l'accident qu'il y a participation avec elles. Il ne doit y avoir
« participation d'un être avec les Idées, qu'en tant que cet être n'est
« pas l'attribut d'un sujet. Ainsi, si une chose participait du *Double en
« soi*, elle participerait en même temps de l'*Eternité*; mais ce ne serait
« que par accident, car c'est accidentellement que le Double est
« Eternel. Donc, il n'y a d'Idée que de l'essence. Idée signifie donc
« essence, et dans ce monde, et dans le monde des Idées. Autrement,

---

1. « Les Pythagoriciens disent que les êtres sont à l'*imitation* des nombres ;
« Platon, qu'ils sont par *participation* avec eux... Le seul changement qu'il ait
« introduit dans la science, c'est ce mot de *participation*. » Met., I, vi, traduct.
Pierron et Zévort.

2. « Οὐκ ἄλλο τι ποιεῖ αὐτὸ τὸ καλὸν ἢ ἐκείνου τοῦ καλοῦ εἴτε παρουσία,
« εἴτε κοινωνία, εἴτε ὅπῃ δὴ καὶ ὅπως προσγενομένη. » *(Phédon, XLIX.)*

3. Voir Ravaisson, T. I, p. 291-292 ; p. 295 et suiv.

« que signifierait cette proposition : l'unité dans la multiplicité est
« quelque chose en dehors des objets sensibles?[1] »

Peut-être, d'après Platon, — outre le Juste, le Vrai, le Beau et le
Bien, — les Genres et les Espèces, les Nombres et les Figures géométriques paraissent seuls être des Idées. Mais n'est-ce pas arbitrairement
que le philosophe se renferme dans des limites aussi étroites? L'hypothèse admise, rien ne peut être pensé ni défini, rien n'est susceptible de
recevoir un nom, qui ne participe strictement d'une essence. Les causes
déficientes, autant que les causes *efficientes*, existent, dans l'acception
la plus rigoureuse du mot. « D'après l'argument de l'unité dans la
« multiplicité, il y aura des Idées même des négations; et, en tant
« qu'on pense à ce qui a péri, il y aura des Idées des objets qui ont
« péri, car nous pouvons nous en faire une image.[2] » C'est, du reste,
ce que Platon incline à croire, semble-t-il, quand il dit, au début du
Parménide : « J'ai été troublé parfois par cette pensée, qu'il pourrait y
« avoir également une Idée de toutes choses[3]; » et encore, au deuxième

---

1. *Met.*, I, VII, traduct. PIERRON et ZÉVORT.

2. *Métaphysique*. Même traduct. de PIERRON et ZÉVORT.

3. « Ἤδη, μέντοι ποτέ με καὶ ἔθραξε, μή τι ᾖ περὶ πάντων ταὐτόν. »
Parménide, 130. L'authenticité du *Parménide* a été fréquemment mise en doute, à
l'étranger, et récemment, chez nous, par l'un de nos platonisants, M. C. HUIT,
(in-8°, Thorin, 1873). Malgré son argumentation, nous ne saurions admettre que
Parménide, ce penseur, de l'aveu de Platon, « à la fois respectable et redoutable,
« αἰδοῖός τέ ἅμα δεινός τέ, dont les discours avaient une profondeur tout à fait
« extraordinaire, βάθος τι ἔχειν παντάπασι γενναῖον » soit resté sans influence sur
l'illustre maître d'Aristote. (THÉÉTÈTE, 183, E). M. HUIT parle (page 21), *du texte*
« célèbre dans lequel Aristote nous fait assister à la genèse de la Théorie des
« Idées, et ne lui reconnaît d'autre antécédent que les doctrines de Socrate
« combinées avec celles d'Héraclite. » Or, continue, l'auteur de la thèse, si le
Parménide était de Platon, s'il fallait considérer l'école d'Élée comme une des
sources de la philosophie platonicienne, dans quel intérêt Aristote aurait-il dissimulé la vérité? M. HUIT ne s'occupe, sans doute, que de *deux textes* de la *Métaphysique*, l'un (I, VI), où il est question de *Cratyle*, de *Socrate* et des PYTHAGORICIENS, l'autre (XIII, IV), où il s'agit d'*Héraclite*, maître de Cratyle, de Socrate et
des mêmes PYTHAGORICIENS, comme devanciers directs de Platon. Mais convient-il de négliger un passage, tout aussi important, du XIV° livre, ch. II, 3-4, dans
lequel « la science impartiale d'Aristote » insiste, précisément, sur les rapports
de l'Éléatisme et du système des Idées? « Il en est qui admettent pour *élément*,
« outre l'*unité*, une *dyade indéfinie* (Platon), et qui repoussent l'*inégalité* (du
« Pythagorisme); et non sans raison, à cause des impossibilités qui sont la consé-
« quence de ce principe. Mais ces philosophes (Platon et ses successeurs immé-
« diats) ne font disparaître par là que les difficultés qu'entraîne nécessairement

livre de la *République*,[1] où il est sur le point de reconnaître des Idées du laid, du mauvais et de l'injuste.

Il y a plus : s'il faut suivre Aristote jusqu'au bout, l'Idée, comme le Nombre pythagorique, se résout en une véritable contradiction.[2] D'une part, elle subsiste en elle-même et par elle-même ; elle est substance : et, d'autre part, elle constitue réellement l'essence des objets. Or, dans la doctrine de Platon, l'essence n'apparaît ni comme une pure unité logique, ainsi que devait l'enseigner bientôt Aristote, ni comme une unité métaphysique de l'Intelligence divine, au sens où l'entendront plus tard Porphyre et Plotin. L'essence platonicienne est une unité individuelle, concrète en quelque sorte : par suite, elle ne fait qu'un avec les choses. Comment donc serait-elle à la fois multiple et une, multiple, en tant qu'elle réside en plusieurs, une, en tant qu'elle forme l'archétype éternel ?

On comprend que l'idée métaphysique, le concept qui sert d'exemplaire à l'acte créateur ait, en Dieu, pour parler avec Leibniz, une réalité suréminente.[3] D'un certain point de vue, en effet, créer, c'est manifester extérieurement, c'est rendre sensible une conception. On s'explique encore que l'idée logique subsiste dans notre entendement, à titre d'abstraction et d'entité séparée[4]. Le rôle de la raison, disent les péripatéticiens, c'est d'*illuminer* la nature matérielle, de retrouver

« la doctrine de ceux qui font un élément de l'inégalité et de la relation. Quant « aux embarras qui sont indépendants de cette opinion particulière, ils les subis- « sent eux-mêmes de toute nécessité, s'ils composent d'éléments, soit le *nombre* « *idéal*, soit le *nombre mathématique*. Ces *opinions* erronées ont une *foule de causes* : « la *principale*, c'est qu'on posa la question à la manière des anciens. On crut que tous « les êtres se réduiraient à un seul être, à l'être en soi, si l'on ne levait pas une diffi- « culté, si l'on n'allait pas au-devant de l'argumentation de Parménide. « Il est « impossible, disait Parménide, qu'il y ait nulle part du non-être. » Il fallait donc, « pensait-on, prouver l'existence du non-être ; alors les êtres proviendraient de « l'être et de quelque autre chose, et la pluralité serait expliquée. » Traduct. PIERRON et ZÉVORT. M. CH. WADDINGTON, dans son *Mémoire sur l'authenticité des écrits de Platon* (in-8°, Paris, Picard, 1886), tout en niant, d'une manière trop absolue peut-être, les rapports de l'Eléatisme et du Platonisme (p. 40), résume et discute avec discernement les travaux de la critique dite « interne ». Voir, en outre : CH. WADDINGTON, *Le Parménide de Platon*, Paris, in-8°, Picard, 1888.

1. PLATON. *Républiq.*, II, 476.
2. Voir RAVAISSON, *Essai sur la Métaphysique d'Aristote*, T. Ier, p. 297-298.
3. Voir *Appendice*, note I, *Du Platonisme*.
4. Voir *Appendice*, note II, *De la Théorie de la Réminiscence*.

l'universel dans les objets particuliers, de découvrir, sous la pluralité phénoménale, un élément d'unité et de généralité.[1] Mais, évidemment, l'essence, considérée comme réalité concrète, réside tout entière en chaque être, à moins qu'on n'admette une série indéfinie de causes secondes, et que l'Idée elle-même, ce sujet indépendant et singulier, n'ait tout ensemble en soi et hors de soi son essence. « Il est impossible « qu'aucun universel, quel qu'il soit, soit *substance*, οὐσία. Et d'abord, « la substance première d'un individu, c'est celle qui lui est propre, qui « n'est point la substance d'un autre. L'universel, au contraire, est com-« mun à plusieurs êtres ; car, ce qu'on nomme universel, c'est ce qui se « trouve, dans la nature, en un grand nombre d'êtres. De quoi l'uni-« versel serait-il donc substance ? Il l'est de tous les individus, ou il ne « l'est d'aucun : et qu'il le soit de tous, cela n'est pas possible. Mais si « l'universel était la substance d'un individu, tous les autres seraient cet « individu, car l'unité de substance constitue l'unité d'être. D'ailleurs, « la substance, c'est ce qui n'est pas l'attribut d'un sujet ; or, l'universel « est toujours l'attribut de quelque sujet.[2] »

Que si la théorie de la Participation ne sauvegarde ni l'individu, ni l'archétype, elle détruit pareillement les espèces et les genres.[3] « Il y « aura plusieurs modèles pour un même être, et, par suite, plusieurs « Idées pour cet être : pour l'homme, par exemple, il y aura tout à la « fois l'*animal* (genre), le *bipède* (différence), et l'*homme en soi* « (espèce).[4] » Les espèces, en effet, ne diffèrent point les unes des autres numériquement et par la quantité seule, comme les composants divers d'une somme. Elles ne sont telles qu'autant que les propriétés qui les déterminent s'opposent et s'excluent. L'espèce, enseigne Porphyre[5] après Aristote, est la notion générale qui s'énonce et

---

1. Voir *Appendice*, note III, *Théorie péripatéticienne de la connaissance intellectuelle*.

2. *Met.*, VII, XIII. M. FOUILLÉE (*Philosophie de Platon*, II, p. 160) traduit dans tout ce passage « οὐσία » par le mot « *essence* », au lieu du mot « *substance* ». Est-ce être fidèle à la pensée d'Aristote ? Voir les différentes traductions de la *Métaphysique* : versions latines, PIERRON et ZÉVORT, BARTHÉLEMY ST-HILAIRE, etc.

3. RAVAISSON, T. Ier, p. 298-299.

4. ARISTOTE, *Métaphysique*.

5. *Isagoge*, II, 18. « L'espèce se dit de la forme de chaque chose... Elle est ce « qui est placé sous le genre donné... Le genre, étant le genre de quelque chose, « comme l'espèce est l'espèce de quelque chose, l'un est relatif à l'autre... On a « donc pu définir aussi l'espèce en disant qu'elle est ce qui est classé sous le

s'affirme de plusieurs, pour former une essence complète. Définition parfaitement claire si, tout en reconnaissant aux universaux une existence réelle dans le monde sensible, on n'oublie pas que la manière dont l'esprit les perçoit, en tant qu'universaux, est purement abstraite et logique. Mais, encore une fois, l'Idée platonicienne, telle que la décrit Aristote, n'est ni un *possible* de l'Entendement divin, ni un *concept* réfléchi et général de notre raison. L'Idée est une *substance*, un exemplaire un et indivisible : comment soutenir, conséquemment, qu'elle peut se communiquer à deux espèces, sans cesser d'être par le fait même ?

La difficulté augmente lorsque, dépassant les individus et les espèces, on s'élève jusqu'aux genres auxquels les espèces elles-mêmes se ramènent.[1] « Les Idées, continue Aristote, ne seront point seulement les « modèles des êtres sensibles, elles seront encore les modèles d'elles-« mêmes : tel sera le Genre, en tant que Genre d'Idées ; de sorte que « la même chose sera à la fois modèle et copie.[2] » Que devient, prise en soi, l'Idée séparée de Genre ? Les genres n'ont de réalité, dans la nature, qu'autant qu'ils sont *spécifiés*, de même que les espèces existent physiquement dans et par les *individus*. Franchissons la série entière des intermédiaires, toujours la même loi se manifeste ; toujours les genres se révèlent comme limités et déterminés, comme constituant, à leur tour, une espèce, par rapport aux genres supérieurs.[3]

Et si, par un effort dernier de pensée, on conçoit, avec Platon, le substrat suprême qui rend possible toute différence, toute essence, sans être en soi rien de particulier, ce n'est point à l'archétype éternel, c'est à la *dyade* de l'école Italique, c'est à la *matière pure* qu'on arrive.

« genre, et qu'elle est ce à quoi le genre est attribué essentiellement. On peut dire
« encore que l'espèce est l'attribut s'appliquant essentiellement à plusieurs termes
« qui diffèrent entre eux numériquement. » (Cf. jusqu'à 22. Traduct. BARTHÉLEMY SAINT-HILAIRE.) Voir plus bas pour tout ce qui regarde les Universaux.

1. Voir RAVAISSON, T. Ier, p. 302-303.

2. ARISTOTE, *Métaphysique*.

3. Les péripatéticiens du moyen-âge, en étudiant d'une manière complète le problème des universaux, ont insisté avec force sur la corrélation des genres et des espèces. On ne trouve plus guère, dans les traités modernes de Logique, le fameux « Arbre de Porphyre » qui montre bien les mutuels rapports des notions universelles que la philosophie byzantine appelait « Catégorèmes, » « qualités qui « font ranger les objets dans telle ou telle *Catégorie* », et la scolastique « Prédi-

Ainsi, l'Idée, qui était donnée, d'abord, pour le modèle et l'exemplaire universel auquel participent les objets sensibles, la *Forme,* en un mot,

cables », « termes qui peuvent être énoncés d'un sujet. » Peut-être, une reproduction de l'arbre de Porphyre offrira-t-elle ici quelque intérêt.

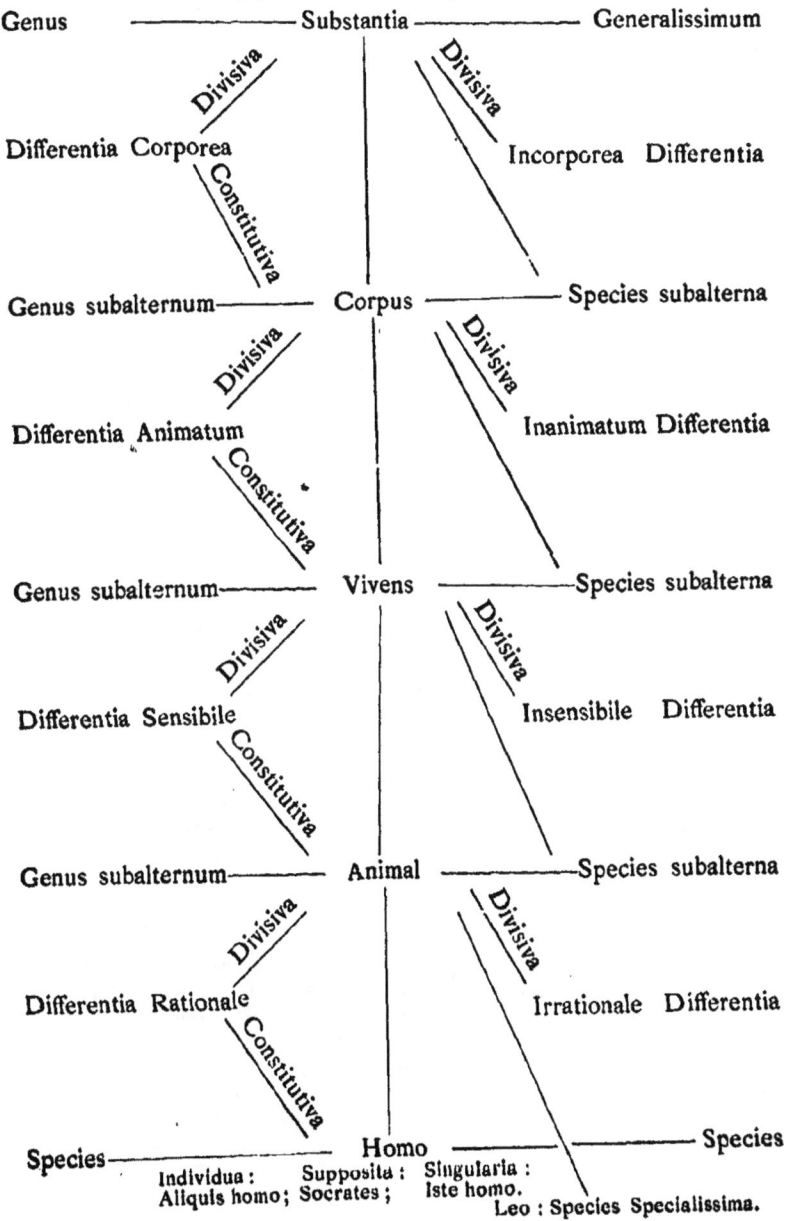

se réduit à n'être que la *Matière*. Un dualisme irrémédiable entre l'Unité idéale des premiers Eléates et l'indéfinie Multiplicité des Ioniens apparaît comme le mystère du système. La synthèse fondamentale que Platon prétendait opérer n'était qu'illusoire : les deux termes extrêmes entre lesquels oscille la pensée humaine restent encore à concilier.

II

Ce n'est point, à la vérité, à cette œuvre d'unification que travaille Aristote. Le dualisme, au contraire, dont la théorie des Idées ne parvient pas à s'affranchir, constitue le point de départ avoué de la doctrine péripatéticienne.[1] Peut-être un moyen d'éviter cette irrémédiable contradiction se présentait-il, comme on essaiera bientôt de le montrer. Mais nul philosophe antique ne semble l'avoir entrevu ; l'axiome qui régit la spéculation grecque est le fameux « *rien ne vient de rien*, « ἐκ μηθενός μηθέν. » Interprété d'une manière étroite, il ne permet pas à l'esprit de s'élever jusqu'à la notion moderne et autrement compréhensive de *création libre*.[2] Ce sera préparer les éléments d'une fusion entre le platonisme et l'aristotélisme que de rapprocher, d'abord, d'une manière brève, la conception de l'universel, d'après l'auteur de la *Métaphysique*, de celle qu'il combat chez son rival.

On a souvent parlé, dans l'histoire de la philosophie, du « *Nominalisme* » d'Aristote. C'est là une expression absolument inexacte, qu'il importe de discuter, et qui tient, semble-t-il, à une étude superficielle du système péripatéticien. Aristote n'a garde de nier l'existence objective des genres et des espèces. L'examen de ses divers *traités logiques*, de sa *Physique* et de son *Histoire naturelle* prouve, au contraire, jusqu'à l'évidence, qu'il établit une distinction capitale entre les caractères accidentels et les caractères dominateurs des êtres.[3]

---

1. Voir *Appendice*, note IV, *De l'Être d'après Aristote*.

2. Aristote, pourtant, s'il n'a pas su se soustraire à un dualisme contradictoire, paraît donner comme un premier élément de solution. « Si donc, dit-il, le « *possible* était antérieur à l'*acte*, tout pourrait être, et rien ne serait... Ce n'est « pas la Nuit, le Chaos, la Confusion primitive, le *Non-Être* qui est le premier « principe. Il faut que l'*Acte* soit éternel. ». (*Met.*, XII).

3. Pour les classifications d'Aristote et ses travaux dans les sciences expérimentales, voir : *Revue des Deux-Mondes* du 1ᵉʳ mai 1884, p. 183 et suiv., CARRAU,

Le genre, qui forme la partie déterminable de l'essence de chacun d'eux, la différence, qui est déterminante de cette essence, l'espèce enfin qui traduit, dans la définition, l'essence entière et déterminée,[1]

la *Zoologie d'Aristote*, et les divers ouvrages dont parle cet article. Voir, en outre, l'*Anatomie et la physiologie d'Aristote*, par le Dr GEOFFROY, in-8°, Paris, Mulot, 1878. L'introduction de cette étude (III, p. 10 et suiv.) contient une exposition très incomplète de la *théorie de la connaissance* du philosophe. Faire d'Aristote « un positiviste, » est-ce une prétention justifiée ?

1. « La *définition* est une énonciation qui exprime l'*essence* de la chose. » (*Topiques*, I, VI). « L'*espèce* est plus substance que le genre, car elle est plus rapprochée « de la substance première (l'individu). Si l'on veut, en effet, faire comprendre « ce que c'est que la substance première, on s'expliquera d'une manière plus « claire et plus propre en prenant l'espèce, plutôt que le genre. Par exemple, si « l'on veut définir un homme, on se fera plus comprendre en prenant l'espèce « *homme* qu'en prenant le genre animal. L'une est, en effet, plus rapprochée d'un « homme quelconque ; l'autre, au contraire, est plus générale... L'espèce sert de « fondement au genre. » (*Catégories*, V, 6 et suiv., traduct. de BARTHÉLEMY SAINT-HILAIRE). « Le *genre* est ce qui est attribué essentiellement à plusieurs choses, « lesquelles sont *différentes* par l'espèce ; et l'on doit entendre par *attributs essen-* « *tiels* tous les termes qu'on peut convenablement répondre, quand on demande, « pour le sujet en question, ce qu'il est. Par exemple, pour l'homme, si l'on « demande : « Qu'est-ce que le sujet en question ? » on peut convenablement « répondre : « C'est un animal ». (*Topiques*, I, v, 6). « On appelle *propre*, ce qui, « sans exprimer l'essence de la chose, n'appartient, cependant, qu'à elle seule, et « peut être pris réciproquement pour elle. Une propriété de l'homme, c'est d'être « susceptible d'apprendre la grammaire. » (*Topiques*, I, v, 5). « L'*accident* est ce « qui est bien à la chose, mais qui peut être et n'être pas à cette seule et même « chose, quelle qu'elle soit : être assis, blancheur. » (*Topiques*, I, v, 8). Pour la *différence*, voir les *Catégories, passim*. On comprend qu'en une étude où la question des universaux n'apparaît qu'épisodiquement, nous n'ayons pas insisté sur la distinction du *propre* et de l'*accident*. L'*Isagoge* (Introduction, Εἰσαγωγή) œuvre de Porphyre, conforme à l'esprit du péripatétisme, définit et explique les termes dont se sert Aristote. Au Chapitre 1er, § 3, se trouve la fameuse phrase qui, d'après M. COUSIN, pourrait avoir amené la longue querelle du *nominalisme*, du *conceptualisme* et du *réalisme*. « En ce qui regarde les *genres* et les *espèces*, « j'éviterai de rechercher s'ils *existent en eux-mêmes*, ou s'ils *n'existent que* « *dans les pures notions de l'esprit* ; et, en admettant qu'ils existent par « eux-mêmes, s'ils sont corporels ou incorporels ; et, enfin, s'ils sont *séparés*, « ou s'ils *n'existent que dans les choses sensibles* et en sont composés. C'est « là un problème *très profond*, et qui exigerait une étude différente de « celle-ci, et plus étendue. » (Traduct. BARTHÉLEMY SAINT-HILAIRE). Les questions que soulève l'*Isagoge* doivent être résolues avant la question des catégories. Les catégories, au nombre de *dix*, ou plutôt de *neuf*, (la substance, οὐσία, étant réservée), représentent les attributs ou prédicats divers que l'esprit affirme des choses. Ce sont, si l'on veut, les éléments *matériels* constitutifs des jugements, jugements essentiellement *qualificatifs*, dont la fonction est de déterminer les différentes *manières d'être* des objets, de la substance. En d'autres termes, les catégories forment le tableau des concepts nécessaires que l'entendement applique à la réalité, et par l'ensemble desquels cette réalité devient objet de connaissance.

ont une valeur réelle, absolue. Les propres et les accidents s'ajoutent au concept déjà achevé et ne sauraient, en aucun cas, se confondre avec l'idée générale qui préside à la classification. Entre les trois premiers et les deux derniers universaux, Aristote découvre donc et reconnaît cette opposition que, tandis que ceux-ci sont subordonnés, variables, dérivés, ceux-là se manifestent comme constitutifs de l'individu même. Tout être relève d'un genre et devient, en même temps, membre d'une espèce, par l'adjonction de la différence. Du point de vue péripatéticien, on n'entend point, par exemple, ce que c'est que l'homme, si l'on soustrait à la définition fameuse l'un des deux attributs fondamentaux de l'animalité ou de la rationalité. Au contraire, on peut le concevoir comme cessant d'être blanc, brun, grand, sans qu'il perde rien, néanmoins, des caractères inhérents à l'humanité. L'essence des individus, en d'autres termes, est posée, après expérience, comme universelle et inamissible, tandis que les accidents qui s'y rattachent, d'une manière plus ou moins indirecte et médiate, n'ont ni même intérêt logique, ni même importance ontologique.

Pour Aristote comme pour Platon, il y a donc des idées générales ; ici encore, ces idées constituent les essences des individus, et ces essences peuvent être désignées sous le nom d'οὐσίαι, pourvu que ce

---

Elles sont *logiques*, en ce sens qu'elles ne dépendent pas de l'expérience actuelle, et qu'au contraire, elles la règlent ; mais elles sont *matérielles* aussi, en ce sens qu'elles n'apparaissent pas uniquement comme des cadres coordinateurs, dépourvus en eux-mêmes de tout contenu. Ce serait là le sentiment de Kant, non celui d'Aristote qui, sans accorder, de tout point, une existence absolue aux *catégories*, les considère, en quelque sorte, comme des affirmations, comme des constructions, comme des portions aussi, et des aspects de la nature de l'être. N'y a-t-il pas, maintenant, une division encore plus générale qui doit être faite antérieurement à celle-là ? C'est ce que Porphyre s'est demandé. Quand on étudie les catégories, on pose la substance d'un côté, et, d'autre part, les neuf autres prédicaments. Cette distinction originelle marque déjà une certaine subordination des catégories les unes par rapport aux autres ; elle implique une extension plus ou moins grande des termes. Quel principe nous permettra d'établir cette subordination? La conception de *l'universel*, c'est-à-dire celle du genre, γένος ; de l'espèce, εἶδος ; de la différence, διαφορά ; du propre, ἴδιον ; de l'accident, συμβεβηκός . Le but de Porphyre est donc très clair. C'est parce qu'il reconnaît l'antériorité nécessaire d'une distinction purement formelle, qui peut s'imposer aux catégories elles-mêmes, qu'il écrit l'*Isagoge*. Les *universaux* institueront un nouvel ordre, celui de la *quantité*, à l'aide duquel on introduira une hiérarchie entre les *qualités* que les catégories expriment, en même temps qu'on comprendra et qu'on mesurera ces qualités. (Voir L. MABILLEAU, *La Logique d'Aristote*. Cours de la Faculté des Lettres de Toulouse de 1884.)

mot n'implique aucune réalité séparée, aucun principe abstrait distinct des êtres. Ce que contestent les péripatéticiens, c'est qu'il y ait des modèles absolus, subsistant indépendamment des choses, χωρίς. L'idée est la forme de l'objet ; sans cette forme, l'objet demeurerait à l'état de simple possible. La matière aristotélique se ramène précisément à cette possibilité originelle d'actualisations, en dehors de laquelle nulle nature contingente n'est concevable, et qui, d'autre part, a besoin, pour devenir autre chose qu'une virtualité, de la présence effective de la forme.

Cette forme apparaît, conséquemment, comme immanente, non transcendante, réelle par l'individu, si c'est en elle que l'individu se révèle. Le travail de la pensée consistera à dégager de tout ce qu'il y a de transitoire en l'être le principe logique qui le fait ce qu'il est. Mais il importe de se souvenir que cette élaboration intellectuelle n'a de portée que pour nous, sujets pensants.[1] Instituer une classification et une hiérarchie des choses, ce n'est pas contempler, grâce à une inadmissible réminiscence, un monde métaphysique supposé réel ; c'est retrouver, dans le monde sensible même,[2] cette unité de plan entrevue par Anaxagore, décrite par Socrate, et sur laquelle Platon, jusque là inattaquable, se fonde pour affirmer l'existence objective des Idées.

---

1. Nous ne posons pas ici le problème, le plus ardu peut-être, de la philosophie d'Aristote, celui de l'origine de la raison, et des rapports de l'*Intellect Agent* avec *Dieu*. C'est sur cette théorie capitale de l'âme que se séparent les trois principales écoles péripatéticiennes, l'*Alexandrisme*, l'*Averroïsme*, et le *Thomisme*. Alexandre d'Aphrodisias croit que « le νοῦς n'est ni incorruptible, ni indépendant, mais « *matériel* et *physique*, ὑλικὸς καὶ φυσικός », (sorte de *matérialisme*) ; Averroës « soutient, au contraire, qu'il n'est rien de nous, mais qu'il existe en dehors des « hommes, comme une substance en dehors d'une autre substance, » *(Théorie panthéistique de la raison impersonnelle)* ; Saint Thomas, enfin, considère le νοῦς comme une vertu « que nous tenons par participation d'une Nature supérieure, « savoir Dieu, qui est la pensée même. » *(Spiritualisme)*. Voir WADDINGTON, *Psychologie d'Aristote*, Théorie de l'Intellect, p. 212, 216, 284, 307, 308, 333, 335. DENIS, *Rationalisme d'Aristote*, Paris, in-8°, Lender, 1847, chapitres VII, VIII, IX et X. RENAN, *Averroës et l'Averroïsme*, Paris, 1852, in-8°. PHILIBERT, *Du principe de la vie suivant Aristote*, Paris, Durand, 1865, in-8°, page 113 et suiv., p. 288 et suiv. CHAIGNET, *Psychologie d'Aristote*. MABILLEAU, *Etude historique sur la philosophie de la Renaissance en Italie*, Paris, in-8°, Hachette, 1881. *Théorie de l'âme d'après Aristote et les Commentateurs*, p. 276 et suiv.

2. Voir comment le progrès d'Anaxagore à Socrate, et de Socrate à Platon est conçu dans le *Phédon*. Rapprocher ces passages des divers textes dans lesquels Aristote parle de ses trois devanciers dans le même sens. Se rappeler aussi les parties des *Mémorables* de Xénophon, dans lesquelles est affirmée la croyance à la cause finale. Cf. A. JACQUES, *Aristote considéré comme historien de la philosophie*, in-8°, Paris, 1837.

Essence de l'individu,[1] la forme lui est donc inhérente, et produit avec la matière un tout indivisible. Reste à savoir, maintenant, si Platon et Aristote n'ont pas eu raison l'un et l'autre ; si, d'un point de vue supérieur, il n'est pas possible d'accorder leurs doctrines, et de préparer ainsi, après le moyen-âge scolastique, la formule définitive, ce semble, de tout spiritualisme ultérieur.

Considérée dans son ensemble, la critique Péripatéticienne contre un « *Exemplarisme absolu* » reste irréfutable. Des Idées-types, des modèles réels, des êtres, en un mot, copiés ou participés par les choses sensibles ne sauraient avoir l'existence que leur prête Platon. Mais ce n'est pas tout de reconnaître, avec Aristote, la réalité des espèces et des genres, en tant que produits de l'abstraction. Encore faut-il, appliquant le célèbre principe du philosophe, « Dieu et la nature ne font « rien en vain, » chercher quelle est la Cause dernière de l'ordre que nous dévoile le monde, de cette série linéaire de formes qui, partant des corps élémentaires et mixtes, monte, sans aucun vide, à travers les minéraux, les végétaux et les animaux, jusqu'à la Forme, affranchie de toute matière, jusqu'à l'Acte, pur de toute passivité, jusqu'au Vivant, éternel et parfait.

Aristote n'a pas écrit son *Timée*, ou, du moins, rien, dans les œuvres qui nous restent de lui, ne nous montre en détail une application de sa logique de l'universel au problème ontologique de l'origine du monde. Mais n'est-ce pas être fidèle à l'idée-directrice, sinon à la lettre du péripatétisme, que de supposer, dans le Premier Intelligible et le Premier Désirable, dans la Pensée de la Pensée, quelque chose qui ressemble à une hiérarchie de concepts ? « Dieu, a pu dire le plus « grand des péripatéticiens, saint Thomas,[2] voit toutes choses non en « elles-mêmes, mais en lui. *Alia a se videt non in ipsis, sed in se ipso, in « quantum essentia sua continet similitudinem aliorum ab ipso.* » C'était l'expression même de la doctrine du Maître, qui dit que ce monde n'est pas une mauvaise tragédie, μοχθηρὰ τραγῳδία, une succession d'épisodes sans lien interne, ἡ φύσις ἐπεισοδιώδης οὖσα ἐκ τῶν φαινομένων, qu'il est bon qu'un seul chef y commande, οὐκ ἀγαθὸν πολυκοιρανίη· εἷς κοίρανος.[3]

1. Ceci devient une conclusion d'ordre exclusivement dogmatique. M. RAVAISSON a montré, en effet, toutes les difficultés qu'il y aurait à concilier l'aristotélisme primitif avec une μίμησις quelconque. *(Essai sur la Métaphysique d'Aristote,* T. Ier, p. 301-302).
2. *Sum. Théol.,* p. 1ª. *Quæst.* XIV, art. 5.
3. ARIST. *Met.,* XIV, III, 7 ; XII, x, 14.

Certains commentateurs, s'inspirant de l'exégèse alexandrine, ont tendu à considérer le Dieu d'Aristote comme une sorte d'idéal abstrait, au sein duquel la nature viendrait, en quelque manière, abdiquer et s'annihiler.[1] Mais une telle conception ne contredit-elle pas les enseignements les plus formels et les plus constants du philosophe?[2] Le principe des causes finales est décrit et étudié par lui, de façon à ne laisser aucun doute sur l'Intelligence souveraine qui agit pour le mieux, qui vit, qui pense, qui se contemple éternellement elle-même, à laquelle l'homme a le bonheur de ressembler parfois, mais qui le dépasse, cependant, de toute la hauteur de sa perfection.[3]

L'hypothèse d'une hiérarchie de concepts, en Dieu, permet seule de justifier, dans le système d'Aristote, le progrès physique des essences et des formes substantielles. Dieu n'attire toutes choses par l'attrait irrésistible de sa beauté, qu'à la condition de contenir en soi les Idées que Platon sépare à tort. Ramenés à n'être que des *vues* de la Pensée pure, (ainsi que le *Parménide* l'indique peut-être),[4] les archétypes, que la nature tend à réaliser dans ses ébauches graduelles, ont une indéniable valeur. Par cette aspiration de la matière vers un Dieu absolument intelligible, par cette perfection même en laquelle Dieu embrasse tous les possibles, est levée une des apparentes difficultés de l'aristotélisme primitif. Il n'y a plus, dès lors, une inconciliable antinomie entre le maître et le disciple : c'est l'excès que le dernier a combattu, non la vérité profonde de la doctrine des Idées.[5]

---

1. Voir *Appendice*, note V, *Du Dieu d'Aristote*. En outre, Ch. Lévêque, *Etudes de Philosophie grecque et Latine*. (2ᵉ étude, reproduction de la Thèse de l'auteur.) Jules Simon, *Du Dieu d'Aristote*.

2. « La vie est en Dieu ; car l'action de l'intelligence est une vie, et Dieu est « l'actualité même de l'intelligence ; cette actualité, prise en soi, telle est sa vie « parfaite, éternelle. Mais nous appelons Dieu un Vivant éternel et parfait. La vie continue et la durée éternelle appartiennent donc à Dieu ; car cela même, c'est Dieu. » (*Met.*, XII, 249.) « Εἴτε γὰρ μηθὲν νοεῖ, τί ἂν εἴη τὸ σεμνόν; » (*Met.*, XII, 254).

3. *Ethic. Nic.*, X, et *Métaphys.*, I et XII.

4. Cette hypothèse, aussitôt abandonnée qu'indiquée par Platon, montre que le *conceptualisme* est plus ancien que le moyen-âge. Il serait facile d'établir de même que la question des universaux se pose encore, en des termes nouveaux, dans la philosophie contemporaine. Le problème fut *métaphysique* dans l'antiquité, et *logique* pour les scolastiques. Il s'agit, aujourd'hui, des genres et des espèces, au point de vue *cosmologique*. Après le Nominalisme, le Darwinisme.

5. « Tel est le principe auquel sont suspendus le ciel et toute la nature. Ce « n'est que pendant quelques instants que nous pouvons jouir de la félicité

Une objection, il est vrai, reste à résoudre, celle qui se tire de l'assertion décisive d'Aristote : « Il est des choses qu'il vaut mieux ne « pas voir que de les voir voir. » Dieu ne connaît pas le monde ; il ne le pourrait, comme on l'a dit,[1] qu'au « préjudice de sa dignité et de sa « perfection. » Mais cet enseignement du philosophe est dirigé, jusqu'à un certain point, contre une conception analogue à celle de la Providence et de la création du spiritualisme moderne, non contre une théorie de l'exemplarisme divin. Encore faudrait-il savoir, pour ce qui touche la Providence, s'il ne convient pas de mettre d'accord ces textes célèbres avec d'autres passages non moins importants de la *Métaphysique* et de l'*Ethique à Nicomaque*. Sans doute, la distinction entre le Moteur immobile et les dieux secondaires du ciel des étoiles fixes donnerait les principes d'une solution satisfaisante.[2] Mais, quel que

« parfaite. Il la possède éternellement, ce qui nous est impossible. La jouissance, « pour lui, c'est son acte même. C'est parce qu'elles sont des actes que la veille, « la sensation, la pensée sont nos plus grandes jouissances ; l'espoir et le souve-« nir ne sont des jouissances que par leurs rapports avec celles-là. Or, la pensée « en soi est la pensée de ce qu'il y a de meilleur, et la pensée par excellence est « la pensée de ce qui est le Bien par excellence. La contemplation de cet objet « est la jouissance suprême et le souverain bonheur. » (*Met.*, XII, 249). « L'intel-« ligence se pense elle-même en saisissant l'intelligible : car elle devient elle-« même intelligible à ce contact, à ce penser. Il y a donc identité entre « l'intelligence et l'intelligible ; car, la faculté de percevoir l'intelligible et « l'essence, voilà l'intelligence ; et l'actualité de l'intelligence, c'est la possession « de l'intelligible ; ce caractère divin de l'intelligence se trouve donc au plus haut « degré dans l'Intelligence divine. » (*Met.*, XII, 249-255). « Ou l'intelligence se « pense elle-même, ou bien elle pense quelque autre objet. Et si elle pense un « autre objet, ou bien c'est toujours le même, ou bien son objet varie. Importe-t-il « donc, oui ou non, que l'objet de la pensée soit le Bien ou la première chose « venue ? Ou plutôt ne serait-il pas absurde que telles ou telles choses fussent « l'objet de la pensée ? » (*Met.*, XII, 249). « Il est clair que la pensée pense ce « qu'il y a de plus divin et de plus excellent, et qu'elle ne change pas d'objet ; car « changer, ce serait passer du mieux au pire, ce serait déjà un mouvement. De « plus, si la pensée n'était pas l'acte de penser, mais une simple puissance, il est « probable que la continuité de la pensée serait pour elle une fatigue. Ensuite, il « est évident qu'il y aurait quelque chose de plus excellent que la pensée, à savoir « son objet. » (*Met.*, XII, 249). (Traduct. PIERRON et ZÉVORT). De ces textes et de quelques autres se déduit aisément l'impossibilité d'une multiplicité en Dieu, pour Aristote. Reste à savoir si la Pensée pure, étant un acte, n'embrasse point toutes choses unifiées et parfaites par elle. L'économie générale du système, et, en particulier, la marche dialectique des réalités contingentes vers l'Etre en soi, impliquent, semble-t-il, cette conséquence, qui n'est nullement destructive de la simplicité divine. Voir *Appendice*, note V, *Du Dieu d'Aristote*.

1. RAVAISSON, *Essai sur la Métaphysique d'Aristote*, I, 585.

2. Pour la question de la Providence, il est à remarquer qu'Aristote parle tantôt *des dieux*, et tantôt de *Dieu* même ; les premiers, peut-être, providence du monde,

soit le parti qu'on prenne sur le prétendu *exotérisme* de certains traités d'Aristote, que l'auteur lui-même déclare positivement n'être pas exotériques, il demeure acquis que l'opposition des deux grandes philosophies grecques, sur le terrain de la Métaphysique, n'est pas irréductible.

Voisines de croyances et d'affirmations dogmatiques sur les problèmes fondamentaux de la pensée, comment ne s'uniraient-elles pas, à la fin, en une formule assez large pour les contenir l'une et l'autre ? La question des Idées, qui se confond avec celle des Universaux, a deux faces. Pour l'intelligence humaine, et dans l'ordre logique de la connaissance, c'est Aristote qui a raison : l'idée est essentiellement immanente et n'est séparée que par abstraction. Pour l'Entendement divin, et dans l'ordre ontologique de l'existence, la cause est exemplaire et idéale, avant de devenir réelle et formelle. Le monde sensible, en un mot, trouve son explication en Dieu.

Ici, comme ailleurs, c'est la méthode *à priori* de Platon qui est en

---

substances éternelles soumises à l'action finale du Moteur immobile ; le second contemplant toutes choses en l'immutabilité de sa perfection. Par cette interprétation s'expliqueraient divers passages de la *Métaphysique* (I, II, 18-19 ; III, IV, 1000 b. 4), et du *Traité de l'Ame* (I, v, 10), ainsi que les textes célèbres de l'*Ethique à Nicomaque* sur les rapports des dieux et des hommes. Est-il philosophique de se défaire d'une citation embarrassante, en la qualifiant d' « exotérique », alors qu'elle se trouve au cours de l'une des discussions les plus *ésotériques* du système, en un ouvrage même dans lequel, à deux reprises, Aristote renvoie positivement à ses *discours exotériques*? (*Ethic. Nic.*, I, xi, 9 ; VI, III, 1). Mais le détail de cette question appartiendrait plutôt à une étude sur le Dieu d'Aristote. Voir l'*Essai sur la Morale d'Aristote*, de M. Léon Ollé-Laprune, « dont la pensée, si respectueuse « de celle d'Aristote, a écrit récemment M. Hannequin, fait revivre, en un péné- « trant commentaire, l'œuvre admirable de l'*Ethique*. » Paris, Belin, 1881, in-8°, ch. vi, pages 187 et suiv., et *Introduction*, p. 6 et suiv. Voir encore : Rondelet, *Exposition critique de la Morale d'Aristote*, Paris, Joubert, 1847, in-8°, p. 181 et suiv. Dans Fouillée, *Philos. de Platon*, T. II, ch. vii, p. 222, Théorie de la nature, force inconsciente « qui ne fait rien en vain ». Peut-être oublie-t-on qu'à cette formule connue Aristote a ajouté souvent le mot « Dieu ». Ὁ δὲ θεὸς καὶ ἡ φύσις οὐδὲν μάτην ποιοῦσιν. *De Cœlo*, I, iv, 8. Lire, dans la *Physique*, II, viii, l'apologie de la Nature et la réfutation développée de la doctrine du hasard. Les théories de la nature organisatrice et des dieux secondaires, d'ailleurs, peuvent être conciliées. Pour l'ordre universel, causé par Dieu même, *Met.*, XII, x, 1, etc. Sextus Empiricus, *Adv. dogmat.*, III, 20-22 ; Cicéron, *De Natur. Deor.*, II, 37. Vacherot, *Théorie des premiers principes selon Aristote*, Paris, in-8°, 1836, etc.

défaut.[1] Le génie pénétrant et observateur d'Aristote devait s'opposer, tout en l'admirant, au génie moins scientifique de son devancier. Quoi qu'on ait dit,[2] c'est parce qu'Aristote comprend Platon qu'il combat sa dialectique hypothétique et aventureuse. En substituant le système de la Forme à celui des Idées, il fonde plus solidement la Métaphysique,[3] la philosophie première ou théologie, comme il l'appelle, c'est-à-dire la science qui va, non de Dieu à l'homme, mais de l'homme à Dieu. Telle est la raison dernière d'une polémique continuée avec persévérance, jamais avec aigreur, par Aristote, contre les spéculations de l'adversaire à la mémoire duquel il avait élevé un autel.

---

1. « Tout ce qui est premier par la notion n'est pas, pour cela, premier par « l'Etre. Οὐ πάντα τὰ τῷ λόγῳ πρότερα καὶ τῇ οὐσίᾳ πρότερα. » (*Met.*, XIII, 262, l. 26.)

2. Voir VICTOR COUSIN, *Histoire générale de la philosophie*, p. 154, note. « On « peut affirmer, sans lui faire tort (à Aristote), qu'il s'est *mépris sur le véritable sens* « *de la théorie des Idées* ». Voilà un mot au moins étrange.

3. Pour l'influence de la Métaphysique d'Aristote sur la philosophie grecque, voir *Appendice*, note VI, *Des rapports du système d'Aristote avec le Stoïcisme*.

APPENDICE

ECLAIRCISSEMENTS SUR QUELQUES POINTS DU PÉRIPATÉTISME

ECLAIRCISSEMENTS
SUR QUELQUES POINTS DU PÉRIPATÉTISME

NOTE I

DU PLATONISME

Le platonisme, s'il constitue l'une des plus sublimes créations du génie grec, ne saurait être regardé comme un accident imprévu, dans l'histoire de l'esprit humain, moins encore comme l'éclosion, de tous points spontanée, d'une métaphysique absolument nouvelle. Il se ramène plutôt, ce semble, à une tentative de synthèse des doctrines antérieures, à un essai de fusion des deux grands courants qui entraînaient, dès lors, la pensée hellénique. Ce système, ainsi considéré, représente, en quelque sorte, toutes les directions de la philosophie grecque primitive ; il complète l'œuvre d'unification graduelle commencée par Xénophane, et reprise tour à tour par Anaxagore et par Empédocle.

D'une part, Platon rapproche de la matière abstraite des pythagoriciens la matière des Ioniens, l'*indéterminé*, obscur et mystérieux substrat des phénomènes. Par suite, la dyade n'apparaît plus comme une simple possibilité mathématique de distinction, mais comme une réalité concrète, physique, perpétuellement et actuellement spécifiable. D'un autre côté, à cet élément inférieur et mobile, il oppose un principe rationnel, à la fois logique, dialectique et moral, qui participe de l'*Un Premier* des Italiques et de l'*Intelligence* d'Anaxagore, de l'*Amour* d'Empédocle et de l'*Etre* éléatique, enfin et surtout du *Bien* tel que Socrate l'a conçu. Entre ces deux extrêmes, la *Pluralité* indéfinie et l'indivisible *Unité*, Platon place le monde. La nature sensible est tout ensemble identique et multiple, identique, en tant que synthèse, multiple, en tant que synthèse impliquant des parties.

Trouver le passage du *même à l'autre*, de l'*égal* au *grand et au petit*, de l'*un* au *plusieurs*, voilà le problème que se sont vainement efforcés de résoudre les philosophes anté-socratiques. Pourquoi Pythagore ne peut-il, sans morceler sa monade, rendre compte de l'origine des choses ? Et pourquoi, avec Anaxagore, l'être ionien s'élève-t-il de l'existence matérielle à la forme divine de la Pensée ? Les uns, après avoir présupposé l'idéal, sont obligés d'y introduire un élément étranger, une cause incompréhensible de limitation et de détermination. Partis de l'univers visible, les autres doivent faire appel, sans raison suffisante, à un principe d'ordre métaphysique et supra-phénoménal.

Platon va plus loin et plus haut qu'eux tous. Il cherche une réalité en laquelle l'unité et la multiplicité se rattachent par un lien de nécessité intime. Suivant Pythagore, quelque chose de fixe, de permanent, que la science peut atteindre, se révèle, au sein de l'éternel devenir : ce sont les *Nombres*. Par une heureuse transformation, Platon fait de ces nombres autant d'*Idées*. Le mot *Idée* ne doit pas être pris ici dans une acception moderne et psychologique. Les Idées platoniciennes sont des archétypes, des modèles, des exemplaires, qui subsistent en eux-mêmes, toujours uns, toujours identiques, indépendants à la fois et de l'étendue et de la durée. Ils n'ont pas été, ils ne continuent point d'être, ils ne seront pas ; *ils sont*. Les Idées seules, avec Dieu qui, en dernière analyse, est lui-même une Idée, méritent le nom d'Etres.

A la vérité, certains philosophes postérieurs,[1] notamment les Alexandrins et les pères de l'Eglise, se sont prononcés en faveur de l'opinion qui fait des Idées comme l'essence même de l'Entendement divin. Et plusieurs métaphysiciens de notre époque ont, bien qu'avec des nuances

---

1. Note empruntée à la thèse de M. BOURQUARD : *Doctrine de la Connaissance d'après saint Thomas* (in-8°, 1877, Angers, p. 85). « Les néoplatoniciens se sont « prononcés pour l'opinion que les Idées de Platon sont dans l'essence divine ; il « en est de même de la plupart des pères de l'Eglise et de saint Augustin. (*Contr.* « *Acad.* III, xx ; et *De Civit. Dei*, VIII, v et vi.) Mais, sur ce point, saint Thomas « se sépare de ce père. Il n'hésite pas à dire que saint Augustin, trouvant Platon « contraire à la foi chrétienne, l'a *amélioré*, « quæ invenit fidei nostræ adversa in « melius commutavit ». (*Quæst.* 84, a. 5). Dans le sentiment des Alexandrins, nous « trouvons, parmi les modernes, BŒCKH *(Etudes sur le Timée*, Heidelberg, 1807, « publicat. de Daub et de Creuzer) ; SCHELLING, *(Philosophie de la Religion*, p. 31) ;

diverses, partagé successivement ce sentiment. Mais, contre cette interprétation de la doctrine et des textes les plus précis de Platon ont protesté, dès le début, Aristote, qui avait entendu son maître vingt années durant, plus tard Philopon, les Arabes et toute la scolastique, de nos jours, enfin, de nombreux critiques. Comment, d'ailleurs, oser soutenir qu'Aristote a mal compris le platonisme, qu'il l'a ou publiquement travesti, ou altéré dans son enseignement acroamatique, sans qu'aucun académicien ait élevé la voix ?

L'Idée est donc un principe séparé d'unité. Ce qui l'engendre, ce n'est pas l'unité pure, c'est une certaine multiplicité où règne une certaine identité. Le nombre *cinq*, par exemple, ne serait pas intelligible, s'il ne contenait plusieurs éléments distincts et séparés les uns des autres par une sorte d'intervalle logique, éléments qui sont des unités, et si, d'autre part, ces unités séparées, quoique indiscernables en soi, n'étaient fondues dans une même essence, dans une même Idée, l'Idée de cinq. L'Idée absolue, Dieu, est l'absolue unité. Les autres Idées, encore une fois, plus ou moins parfaites, « *plus ou moins Idées*, » procèdent de la réduction d'une pluralité à l'unité, réduction non dynamique, mais formelle, consistant moins dans l'action de réunir que dans le résultat de cette réunion.

Platon, tout en professant cette théorie, admet, de plus, avec Héraclite, que la nature visible est dans un perpétuel écoulement, qu'il n'en faut rien attendre que de transitoire et de périssable. La *conjecture*, δόξα, qui ne saisit que les images et les reflets des objets matériels, la *sensation* même, πίστις εἰκασία, nous découvrent un monde où tout change sans cesse, où rien de fixe ne demeure. Les ombres de la caverne ne servent qu'à provoquer en nous la *réminiscence*, ἀνάμνησις ; elles excitent et éveillent le souvenir des types généraux et éternels originairement présents à notre âme. L'esprit n'est ni l'*agent*, ni l'*auteur* des notions premières. Il n'élabore pas les données multiples des sens, pour y démêler l'unité qualitative des genres et des espèces. La sphère

---

« FR. FISCHER, *Dissertatio de Hellenicæ philosophiæ principiis atque decursu a
« Thalete usque ad Platonem*, Tubingue, 1836); COUSIN *(tous ses ouvrages)*; CH.
« JOURDAIN *(Philos. de saint Thomas d'Aquin)*; NOURRISSON *(Quid Plato de Ideis
« senserit)*, etc. Contre l'interprétation des néoplatoniciens : PHILOPON *(In Lib. II,
« Adv. Proclum.)* : chez les modernes, CH. L. MICHELET *(Critique de la Métaphy-
« sique d'Aristote)*; TH. HENRI MARTIN *(Études sur le Timée de Platon*, Paris, 1841);
« les néoscolastiques, etc. »

des essences et des purs intelligibles n'est pas contenue virtuellement dans l'univers physique. Ce n'est ni des objets égaux, ni des choses belles ou vraies que nous dégageons les concepts de l'Egalité, du Beau ou du Vrai en soi. Les Idées sont antérieures dans notre raison à toute observation et à tout jugement porté sur la nature.

La condition de la *connaissance,* γνῶσις, n'est donc pas la *sensation,* dont Platon fait, si on peut dire, une simple cause occasionnelle. La faculté de connaître, entendue au sens logique, réside tout entière dans l'élément céleste et divin de notre être, dans le νοῦς. Se séparer le plus possible du corps, se soustraire à l'influence des *penchants irrationnels* et *concupiscibles* aussi bien qu'aux emportements de la *colère,* se purifier, par une sorte de trépas anticipé, voilà le but de la sagesse. La philosophie n'est qu'un apprentissage de la mort.

Sans doute, la *basse région de l'âme,* qui désire le boire et le manger, et correspond à notre appétit sexuel, est moins noble encore que *celle qui participe du courage* viril et de la passion énergique. Cette dernière même, soumise à l'empire de la *raison,* et de concert avec elle, comprime les instincts grossiers qui nous livrent en proie à la Vénus populaire. Néanmoins, le θυμός comme l'ἐπιθυμία enchaîneraient l'âme humaine au fond de l'antre obscur des sens, si, d'ailleurs, elle n'avait deux ailes, l'*intuition pure* et l'*amour,* νόησις καὶ ἔρως, pour s'envoler jusqu'au sommet du monde intelligible. Mais, avant de contempler les *Idées* proprement *ontologiques,* l'esprit doit traverser le demi-jour de la *géométrie et des sciences mathématiques.* C'est aux pâles rayons de cette clarté dérivée, qu'il essaie ses forces, en quelque manière, et, par le *raisonnement,* ἐπιστήμη διάνοια, s'apprête à prendre son essor vers la sphère lumineuse de l'Absolu, εἰς τὸν νοητὸν τόπον.

On a vu quels arguments Aristote oppose à la grande conception platonicienne. Les Idées sont inutiles, d'abord ; elles sont, ensuite, inintelligibles ; enfin, elles ne sauraient, en aucune façon, rendre compte du devenir de l'univers. La contradiction fondamentale du système apparaît comme tellement inévitable, que Platon même semble en avoir été frappé. Ses dialogues font parfois appel à un autre principe qu'il présente comme la cause du changement. Ce principe, c'est l'*âme*.[1] Mais l'âme, que peut-elle être logiquement, si elle n'appartient au monde idéal, si elle n'est elle-même le produit d'un rapport et comme

---

[1]. RAVAISSON, *Essai sur la Métaphysique d'Aristote*, I, p. 337.

d'un commerce des Idées ? On la définit bien une chose qui se meut soi-même et qui se meut toujours, αὐτοκινητόν καὶ ἀεικίνητόν τι, αὐτὸ ἑαυτὸ κινοῦν, κίνησις ἑαυτὴν κινουμένη; on ajoute ailleurs qu'en cessant de se mouvoir, elle cesserait d'exister, παῦλαν ἔχον κινήσεως, παῦλαν ἔχει ζωῆς. L'antinomie n'en subsiste pas moins : attribuer à une chimérique entité, à une abstraction vide, l'être, la substance, l'activité.

Le platonisme, en un mot, au lieu d'expliquer le changement, aboutit à une affirmation de l'éternelle statique des choses. En vain a-t-il cru fondre, en un système supérieur, l'éléatisme et l'ionisme, la notion de l'*Etre* de Parménide, et celle du *Devenir* d'Héraclite. Le moyen terme qui devait rendre possible le mouvement, l'énergie qui, une par essence, engendrait la pluralité, n'existe pas. Platon, ayant posé l'Unité, au début de sa philosophie, ne parvient point à en sortir. Il faut revenir à Zénon : la physique n'est qu'une illusion ; le changement, une apparence. L'être seul est ; le non-être n'est pas ; tout devenir est inintelligible et absurde.[1]

NOTE II

DE LA THÉORIE DE LA RÉMINISCENCE

L'âme humaine et le monde ne sont pas, pour Platon, deux réalités absolument distinctes et hétérogènes, sans principe commun, sans rapport logique ni ontologique. Si on se réfère, dans le *Timée*, à la théorie symbolique de la création, on voit, au contraire, que l'âme est un *composé*, et, en quelque mesure, la *résultante* du commerce du « *même* » et de « *l'autre* ». Platon, en d'autres termes, la considère moins comme une force originellement une, que comme une énergie *synthétique*, en laquelle s'unissent l'élément matériel et l'élément intelligible.

---

1. La métaphysique platonicienne est défendue dans l'*Histoire de la Philosophie ancienne* du docteur LAFORÊT, T. 1ᵉʳ (2 vol. in-8°, Bruxelles, Devaux, 1867) ; et dans un volume du docteur BOSSU, *Galerie de métaphysiciens contemporains*, Louvain, Peeters, in-12, 1872.

« Les dieux, imitant leur père, et *ayant reçu de lui le principe
« immortel de l'âme* (c'est-à-dire l'élément divin), lui façonnèrent ensuite
« ce corps mortel, et le lui donnèrent comme un char pour le porter.
« Dans ce même corps, ils placèrent encore une autre espèce d'âme,
« ἄλλο τε εἶδος ψυχῆς, celle qui est mortelle, τὸ θνητόν, siège des
« passions violentes et fatales, δεινὰ καὶ ἀναγκαῖα ἐν ἑαυτῷ παθήματα
« ἔχον, d'abord, le plaisir, le plus grand appât du mal ; puis, la douleur,
« qui nous éloigne du bien, et l'audace, et la crainte, θάρρος καὶ φόβον,
« imprudents conseillers ; la colère, rebelle à la persuasion ; l'espérance,
« qui se laisse séduire à la sensation irraisonnable et à l'amour effréné.
« De toutes ces choses, mêlées suivant les lois de la nécessité, ἀναγκαίως,
« ils composèrent l'espèce mortelle, τὸ θνητὸν γένος, (les deux parties
« inférieures de notre âme). C'est pourquoi, de peur de souiller le
« principe divin, τὸ θεῖον, plus qu'il n'était nécessaire, ils assignèrent à
« l'âme mortelle une demeure distincte dans une autre partie du corps,
« après avoir placé comme un isthme et une limite entre la tête et la
« poitrine, et mis le cou au milieu, pour les séparer. C'est donc dans
« la poitrine et dans ce qu'on appelle le thorax qu'ils enchaînèrent le
« genre mortel de l'âme. Mais comme il y avait encore dans cette âme
« une partie meilleure, et une pire, ils partagèrent en une double
« demeure la cavité du thorax, la divisèrent comme on fait pour séparer
« l'appartement des femmes de celui des hommes, et mirent au milieu
« le diaphragme, comme une cloison. *La partie de l'âme qui participe de
« l'ardeur virile et du courage*, hardie à entreprendre, μετέχον τῆς
« ψυχῆς ἀνδρείας καὶ θυμοῦ, ils la logèrent plus près de la tête, dans
« l'intervalle du diaphragme et du cou, μεταξὺ τῶν φρενῶν τε καὶ
« αὐχένος, afin que, subordonnée à la raison, et de concert avec elle,
« elle comprimât par la force les violents désirs, lorsqu'ils ne se
« plieraient pas d'eux-mêmes aux ordres que la raison leur envoie du
« haut de sa citadelle, ἐκ τῆς ἀκροπόλεως... Pour la partie de l'âme qui
« désire les aliments, les breuvages, toutes les choses dont la nature du
« corps nous fait une nécessité, les dieux la logèrent dans la région qui
« s'étend du diaphragme au nombril.[1] »

L'interprétation donnée plus haut permet seule de saisir, avec
ce passage, et un autre, non moins important, du IVe livre de la

---

1. *Timée*, 69-70. Traduct. CHAUVET et SAISSET. Tome VI, *Dialogues dogmatiques*,
p. 256-257-258.

République (IV, 439-441), tout ce qui a trait, dans le système platonicien, à la purification de l'esprit, κάθαρσις. (Voir, notamment, *Phédon*, 67 ; *République*, VII, 519, IX, 586 ; *Timée*, 90, etc.) L'âme entière, ici, n'est donc pas, ainsi qu'on l'a prétendu parfois, « *un pur entrelacement d'idées* », qui devrait son individualité au degré de synthèse des éléments intelligibles associés.

De quelle manière s'opère en elle cette unification du « *même* » et de « *l'autre* », de « *l'un* » et du « *multiple* », de l'*Idée* et de la *Matière*, c'est là ce que Platon ne dit pas, et l'un des points de sa métaphysique sur lesquels la critique d'Aristote s'exercera bientôt. Quoi qu'il en soit, en tant que *connaissante*, l'âme, selon Platon, participe du monde intelligible, de l'immuable et éternelle réalité des Idées. Par là, — et que le corps lui ait été ou non imposé comme une prison, à la suite d'une faute commise dans une existence antérieure, — s'explique ce qu'on pourrait nommer le *principe subjectif de sa réminiscence*. C'est par l'élément immatériel de sa nature, par sa partie rationnelle, τὸ νοητικόν, qu'elle est elle-même Idée, si on ose dire. A ce titre, elle a la faculté de se rappeler sa divine origine, de « *se retrouver* », contrairement à l'opinion d'Héraclite. Il suffit, pour cela, qu'échappant à la sujétion du monde physique, et domptant ses grossiers appétits, elle apprenne de nouveau à se replier sur soi, à mourir à tout ce qui lui est extérieur. Le premier sens du mot célèbre : « *toute science est réminiscence* », est donc exclusivement psychologique.

D'autre part, comme l'âme, mais différemment d'elle, l'univers procède du commerce de la Matière et des Idées. Ce que Socrate a vu de stable et de persistant dans ce monde (les genres, les espèces et les autres conceptions du même ordre), a pour cause, suivant l'expression même de Platon, l'*empreinte de l'Idée* sur l'indéfini réceptacle des choses, ἐκμαγεῖον. Une sorte de lutte, instituée primitivement entre la Matière et l'Idée, semble amener peu à peu la déchéance de cette dernière. Non que l'exemplaire divin, en tant que tel, puisse être modifié ou amoindri au contact de ce qu'il y a de plus imparfait, de cette sorte de néant, coéternel à lui, qui s'appelle la Matière.

L'Idée subsiste tout ensemble « *en soi* » et « *hors de soi* » ; principe d'unité, si on la prend en elle-même, de multiplicité et d'harmonie si on la considère dans l'acte de participation par lequel elle produit l'univers. D'un point de vue nouveau, le monde sensible est donc, comme l'âme, le résultat du concours du « *même* » et de « *l'autre* » ;

il doit, dès lors, tenir à la fois des deux natures qu'il concilie. Par suite, il est sujet à de perpétuelles transformations, à la loi de la génération et de la mort, dont parlait Héraclite. Mais, en même temps, l'influence directrice de l'Idée se manifeste incessamment : par elle est maintenue la fixité des genres et des espèces ; par elle, à un degré quelconque, la proportion, la beauté, l'ordre, la vérité, le bien se retrouvent ici-bas. Ainsi, au sein même de la pluralité phénoménale, mais infiniment supérieure à elle, est restaurée cette unité transcendante et absolue de l'être éléatique.

Quel est, maintenant, dans une semblable cosmologie, l'*élément objectif* et comme extérieur à nous de la réminiscence ? Précisément, la *participation* de la réalité sensible à la sphère divine de la Raison. Sans doute, dans cette caverne qui est la nature matérielle, l'homme ne voit et ne saisit que des ombres. Mais ces ombres empruntent elles-mêmes leur apparence de réalité au monde nécessaire des Idées : elles sont donc la condition expresse du réveil, dans l'âme, des types intelligibles au sein desquels celle-ci vivait autrefois. La *purification* ne constitue, conséquemment, qu'une opération seconde et dérivée. Il ne faut pas oublier qu'étant hommes, nous participons de l'élément inférieur des choses. Notre ascension dialectique, si puissante qu'elle soit, part de la terre. Logiquement et chronologiquement, la sensation précède la connaissance rationnelle ; elle la provoque, dans une certaine mesure ; elle la sollicite et l'amène, si elle ne l'explique pas.

On voit, par cette rapide esquisse, quels sont le rôle et la valeur de la réminiscence dans la théorie platonicienne de la connaissance.[1] C'est la réminiscence qui, de nouveau, découvre à la pensée sa céleste origine. Si nous ne nous souvenions, si nous ne retrouvions, au fond de notre esprit, les immuables exemplaires, les principes communs de l'être et du connaître, nous serions condamnés à l'aveugle existence de la bête. Les concepts et axiomes directeurs de l'entendement, en effet, forment autant d'*actualisations* progressives et comme des points de

---

1. D'une manière générale, le *rationalisme* consiste à considérer les *principes directeurs* de la pensée comme essentiellement *supérieurs à la sensation*. Les premiers idéalistes grecs eurent une conception déjà nette de la distinction qu'il convient d'établir entre l'*intuition empirique*, τὰ πρὸς δόξαν, et la *notion proprement intellectuelle*, τὰ πρὸς ἀλήθειαν, et Socrate s'inspirait d'eux, quand il parlait de cet état inconscient de la raison qui précède et rend possible la *maïeutique*. Mais constater l'existence de la raison en nous, ce n'était pas en expliquer l'origine. Platon résout le problème dans le sens de l'*innéisme absolu*.

vue divers de la réalité intelligible. En même temps, bien que présents à tout jugement, à toute démarche intellectuelle, ils ont besoin, pour être clairement aperçus, du travail préparatoire de la sensation.

La connaissance, en dernière analyse, implique, ainsi que l'a enseigné Héraclite, deux termes essentiels, « *le sentant* et *le sensible* ». Mais le sentant n'est pas une table rase, vide de tout caractère, et c'est ce qu'Aristote montrera bientôt plus manifestement. Le sujet pensant possède, au contraire, une activité initiale qui est sa nature même. La réminiscence dégage peu à peu cette activité des liens du corps, jusqu'au moment où la mort, mieux la naissance à l'éternelle vie, délivre l'âme pour jamais. Le rôle de la réminiscence est donc fondamental, dans le système platonicien, puisqu'elle apparaît, en définitive, comme l'expression originale du rationalisme du philosophe. Quant à son importance, au point de vue de la métaphysique générale de Platon, il est facile d'établir que la notion de *réminiscence* se confond avec la notion même de *dialectique*, en d'autres termes, avec l'idée-maîtresse de la doctrine.

Qu'est-ce, en effet, que ce progrès continu par lequel, à propos du monde contingent, l'esprit, d'Idée en Idée, s'élève à travers le demi-jour des mathématiques, jusqu'à la claire et distincte aperception des essences absolues ? Evidemment, au moins dans cette vie, la marche dialectique de la pensée n'est rien autre chose qu'une série de réminiscences, lesquelles, se coordonnant, s'unissent, à la fin, dans celle qui les enferme toutes, la réminiscence du Bien, centre et soleil du monde intelligible.[1]

---

[1]. Pour une exposition plus précise de la théorie de la réminiscence, voir les trois dialogues où elle se trouve principalement étudiée : le *Phèdre*, le *Ménon* et le *Phédon*, et remarquer les ressemblances et les différences. Consulter, pour l'ensemble de la métaphysique platonicienne, outre les ouvrages précédemment cités, l'*Etude* de M. PAUL JANET, *sur la Dialectique dans Platon et dans Hégel*, Paris, 1861, in-8°, Ladrange ; pour les rapports du platonisme et de l'éléatisme, RIAUX, *Essai sur Parménide*, Paris, 1840, in-8°, Joubert; pour les rapports de Platon avec les Mégariques, HENNE, *Ecole de Mégare*, Paris, 1843, Joubert, in-8°. Voir de plus, FOUILLÉE, *Philosophie de Socrate* ; ZEVORT, *Anaxagore*, etc., etc.

NOTE III

THÉORIE PÉRIPATÉTICIENNE DE LA CONNAISSANCE INTELLECTUELLE

La raison humaine, c'est-à-dire, suivant Aristote, l'aptitude à penser l'universel, ἕξις τις τῶν καθόλου, agit essentiellement comme faculté de liaison, comme pouvoir permanent de synthèse. Mais elle demeurerait en nous une disposition pure, une sorte de virtualité, τόπος εἰδῶν, si elle ne trouvait, dans la nature, des caractères généraux à percevoir, une certaine pluralité à unifier. Toute connaissance implique l'originelle distinction en même temps que le commerce intime du sujet et de l'objet. D'autre part, les phénomènes nous sont donnés séparés et isolés ; le monde ne devient intelligible qu'autant qu'il s'identifie logiquement avec l'unité de la pensée, ὁ νοῦς ὅταν τι νοήσῃ οὕτως ἕκαστα γένεται. Nous ne savons, au début de notre vie, si la nature se conforme à un plan métaphysique ; mais, par le fait que nous réfléchissons, nous nous assurons qu'en dehors de ce plan, toute conception s'évanouit. Rien d'accessible à l'entendement qui ne se révèle comme manifestement un. L'esprit n'est, en d'autres termes, qu'une force de composition et d'universalisation, force impuissante à tirer d'elle-même des notions *actuelles*, intellect *possible*, νοῦς δυνατός, δυνάμενος, ἐν δυνάμει, παθητικός, qui doit *recevoir*, pour élaborer, *acquérir*, pour construire, et qui n'associe, en opérant, que l'indéfinie multiplicité des sensations. Ἔστι τὸ νοεῖν, πάσχειν τι ὑπὸ τοῦ νοητοῦ... Δεῖ δ'οὕτως, ὥσπερ ἐν γραμματείῳ ᾧ μηθὲν ὑπάρχει ἐντελεχείᾳ γεγραμμένον ὅπερ συμβαίνει ἐπὶ τοῦ νοῦ.

On peut donc admettre, sans préjuger le débat entre le rationalisme et le sensualisme, que l'expérience sert de fondement à la pensée humaine. Ἐκ δ'ἐμπειρίας ἢ ἐκ παντὸς ἠρεμήσαντος τοῦ καθόλου ἐν τῇ ψυχῇ, τοῦ ἑνὸς παρὰ τὰ πολλά, ὃ ἂν ἐν ἅπασιν ἓν ἐνῇ ἐκείνοις τὸ αὐτό, τέχνης ἀρχὴ καὶ ἐπιστήμης, ἐὰν μὲν περὶ γένεσιν, τέχνης, ἐὰν δὲ περὶ τὸ ὄν, ἐπιστήμης. La sensation est le fait initial, la condition nécessaire du développement de l'esprit ; elle constitue le point de départ obligé de la perception rationnelle, et l'élément premier sur lequel l'âme s'exerce pour former ses concepts. Ἐν τοῖς εἴδεσι τοῖς αἰσθητοῖς τὰ νοητά ἐστι, τά τ'ἐν ἀφαιρέσει λεγόμενα καὶ ὅσα τῶν αἰσθητῶν ἕξεις καὶ πάθη. Καὶ διὰ τοῦτο οὔτε μὴ αἰσθανόμενος μηθὲν οὔθ'ἓν ἂν μάθοι, οὐδὲ ξυνείη· ὅταν τε θεωρῇ, ἀνάγκη ἅμα φαντασμά τι θεωρεῖν. Τὰ γὰρ φαντάσματα ὥσπερ αἰσθήματά ἐστι, πλὴν ἄνευ ὕλης. De là, la fameuse loi psychologique, que l'intellect ne pense pas sans images, οὐδὲν νοητὸν ἄνευ φαντασίας. Il n'est, dès lors, nul besoin d'*idées innées*, de *formes à priori*, d'*anticipations* d'une réalité dont l'esprit ignore encore l'existence. La dialectique apparaît comme une science toute pratique et instrumentale. Elle ne passe pas par des degrés déterminés d'avance, et ne se fonde pas, logiquement du moins, sur des principes préétablis. L'analyse progressive des réalités sensibles suffit à résoudre l'équation de l'entendement et des choses ; il n'y a pas plus de sauts, dans la marche ascendante de la connaissance, qu'il n'y a d'interruption dans l'acte du Vivant éternel dont l'attrait meut l'univers.

La synthèse suprême de la pensée, en nous, la faculté supérieure qui atteint de plus près à la Divinité, c'est l'*intellect agent*,[1] νοῦς ἐνεργός,

[1]. On a exposé antérieurement, d'une manière très incomplète et *générale*, les diverses interprétations auxquelles a donné lieu la théorie de l'*Intellect agent*. Il faut revenir ici, *plus précisément*, sur l'*alexandrisme*, l'*averroïsme* et le *thomisme*, afin de se rendre exactement compte de la valeur et de la portée de ces trois systèmes. 1° On sait que les disciples immédiats d'Aristote, par un singulier oubli de la tradition et des grands enseignements de leur maître, inclinèrent, pour la plupart, au *matérialisme*. Moins d'un siècle après la mort d'Aristote, Dicéarque prétendait que l'âme n'est qu'un mot : « Nihil esse omnino animum, et hoc esse « nomen inane totum, frustraque animalia et animantes appellari, neque in homine « inesse animum et animam, nec in bestiâ, vimque omnem eam qua vel agamus « vel sentiamus in omnibus corporibus vivis æquabiliter esse fusam, neque sepa- « rabilem a corpore esse, quippe quæ nulla sit, nec sit quidquam nisi corpus « unum et simplex ita figuratum ut temperatione naturæ vigeat et sentiat. » (Cicéron, *Tuscul.*, I, x). Aristoxène ne voyait dans l'âme que la *résultante*, κρᾶσις, des multiples mouvements et éléments du corps, et comme une sorte de *vibration* de ce corps, ἁρμονία τις. « Aristoxenus musicus idemque philosophus « (animam) ipsius corporis intentionem quamdam velut in cantu et fidibus, quæ « harmonia dicitur, sic ex corporis totius natura et figura varios motus cieri, « tanquam in cantu sonos dicit. » (Cicéron, *Tuscul.*, I, x). Straton enfin, en niant l'existence de Dieu, combattait, au témoignage d'Olympiodore qui le réfute, la spiritualité et l'immortalité de l'âme. (Voir, à la Bibliothèque nationale, le *Commentaire sur le Phédon*, d'Olympiodore, dans lequel, à propos des objections de Cébès et de Simmias, l'auteur répond à Straton, qui renouvelait, en la développant, l'argumentation des contradicteurs de Socrate. « Strato, is qui physicus « appellatur, omnem vim divinam in naturâ sitam esse censet, quæ causas gignendi, « augendi et minuendi habeat, sed careat omni sensu. » (Cicéron, *De la nature des dieux*, I, XIII). « Straton, τῶν ἄλλων περιπατητικῶν κορυφαιότατος, soutient « τὸν κόσμον οὐ ζῶον εἶναι, τὸ δὲ κατὰ φύσιν ἕπεσθαι τῷ κατὰ τύχην. » (Plutarque, *Contr. Colot.*) Ce n'est point ainsi, cependant, que les propres successeurs d'Aristote au Lycée, Théophraste et Eudème, « le plus fidèle interprète de la pensée du Stagirite, » selon Simplicius, (*Phys.*, 93, b, m), entendent la théorie de la raison pure, νοῦς. Pour le premier, les deux intellects, *possible* et

ὧν ἐντελεχείᾳ, ποιητικός. L'intellect agent semble peu de chose si on en mesure l'étendue ; mais combien il nous grandit et nous élève en dignité et en noblesse ! Εἰ γὰρ καὶ τῷ ὄγκῳ μικρόν ἐστι, δυνάμει καὶ τιμιότητι πολὺ μᾶλλον ὑπερέχει πάντων. Quelle place à part, quels privilèges il nous crée dans le monde !

agent, constituent également des puissances de l'âme qui est immortelle dans son élément supérieur et propre, δόξειε δ'ἂν καὶ εἶναι ἕκαστος τοῦτο, εἴπερ τὸ κύριον καὶ ἄμεινον. (*Ethic. Nic.*, X, vii, 9. Voir dans THÉMISTIUS, *De Anima*, f. 91, le texte cité du Livre V de la *Physique de Théophraste*.) « Même sur cette « doctrine, ajoute M. CHAIGNET (*Essai sur la Psychologie d'Aristote*, p. 525), il « (Théophraste) élève des difficultés et des objections, par exemple : 1. Si le « *moteur* est inné en nous, σύμφυτος, il doit mouvoir dès le commencement et « toujours. 2. Comment peut-il se faire, si le νοῦς vient du dehors et est, pour « ainsi dire, *surajouté*, ἐπίθετος, à notre être, qu'il soit, cependant, de même nature, « συμφυής. Pourtant, par son interprétation de l'ἔξωθεν, Théophraste ouvre lui-« même la porte à une solution : ἀλλὰ τὸ ἔξωθεν, dit-il, ἄρα οὐχ ὡς ἐπίθετον, « ἀλλ' ὡς ἐν τῇ πρώτῃ γενέσει συμπεριλαμβανόμενον θετέον. C'est-à-dire : il « faut entendre le mot ἔξωθεν, non dans le sens d'une chose étrangère *surajoutée* « à la nature de l'être, mais d'un élément *enveloppé* (impliqué, compris) dans le « premier moment de sa génération. » D'après Eudème, ou mieux l'*Éthique à Eudème*, qu'on doive la considérer comme l'œuvre d'Aristote (voir BARTHÉLEMY SAINT-HILAIRE, *Morale d'Aristote*, T. I, p. CCLV et suiv.) ou comme une rédaction de disciple qui corrige, complète et perfectionne les leçons du maître (voir OLLÉ-LAPRUNE, *Essai sur la Morale d'Aristote*, p. 1 et suiv.), l'intellect agent, ce serait Dieu même : « Ce qu'on demande, c'est ceci : quel est le principe du mouvement « dans l'âme ? Or, évidemment, comme Dieu est dans l'univers le moteur, de « même aussi il l'est dans l'âme ; tout en nous, en effet, est mû en quelque manière « par le divin. Ainsi, le principe de la raison, ce n'est pas la raison ; c'est quelque « chose de meilleur. Mais qu'y aurait-il de meilleur que la science et que l'enten-« dement, excepté Dieu ? » (*Ethic. Eudem.*, VII, xiv, 21-22.) Si on laisse de côté les autres successeurs d'Aristote, Héraclide, Démétrius, Lycon, Hiéronyme, Ariston, Critolaüs, Diodore, que M. COUSIN nomme bien « des rhéteurs sensualistes », et beaucoup plus tard Adraste, Herminus, Aristoclès, etc., etc., (voir, pour la liste des principaux péripatéticiens, « Catalogus antiquiorum commentatorum et interpretum Aristotelis » table donnée par CASAUBON, et reproduite à la fin du tome XVI de l'*Aristote* de TAUCHNITZ), il faut arriver à la *restauration des écoles grecques par les Antonins*, pour trouver, au sein de l'aristotélisme, un véritable chef d'école. Alexandre d'Aphrodisias, ne faisant plus de l'âme la *cause* et la *forme-directrice*, ἐντελέχεια, mais plutôt la *perfection du corps*, ἡ τελειότης τοῦ σώματος, c'est-à-dire, au fond, un résultat du progrès organique, en vient à affirmer que l'intellect n'est ni indépendant ni incorruptible. A la vérité, ici encore, le passage de la puissance (*intellect possible*) à l'acte (*intellect acquis*) a bien lieu sous l'influence d'une réalité assez semblable au Dieu d'Aristote, l'*Intellect agent*, « nécessaire à « la raison pour penser, comme la lumière à l'œil pour voir. » Mais, et telle est l'originalité d'Alexandre, ce νοῦς ποιητικός demeure *universel, extérieur*, la condition et la cause *hors de l'homme* de la connaissance rationnelle *en lui*. Notre intellect, considéré en tant que tel, ne détruit pas l'unité substantielle de l'âme. Comme l'âme, il est matériel et physique, ὑλικὸς καὶ φυσικός ; comme l'âme, il

Lumière impérissable, ἀθάνατον, éternelle même, θεῖον τι καὶ ἀίδιον, en tant qu'elle nous rend perceptible la vérité toujours entendue en Dieu, l'intellect agent projette, en quelque mesure, sur nos connaissances expérimentales un éclat immatériel, qui en fait saillir les traits profonds et cachés. Comme le soleil, pénétrant dans un lieu obscur, il

procède de la fusion des différents éléments du corps, et disparaît avec le composé humain. C'est en ce sens profond qu'on a dit plus haut que l'*alexandrisme* pouvait aboutir à un *matérialisme*. Non que, dans Alexandre même, on trouve la formule d'un *naturalisme* absolu, à la manière de celui de Straton et des anciens péripatéticiens ; mais parce que, manifestement, la doctrine d'Alexandre prend, elle aussi, cette direction. Au moyen-âge, une tendance analogue se fera jour de bonne heure dans certaines Universités d'Occident ; et quand, à la fin du XVᵉ siècle, le commentaire proprement dit d'Alexandre y pénètrera, il rencontrera là un terrain tout préparé. (Suivre déjà la discussion de la théorie d'Alexandre dans saint Thomas d'Aquin, *Sum. Phil.*, II, LXII ; III, XLIII. De ce point de vue, l'alexandrisme, c'est moins, dans le péripatétisme, la doctrine spéciale d'Alexandre, que *l'interprétation naturaliste*, se déterminant, se complétant, se développant dans ses dernières conséquences, avec les aristotéliciens matérialistes de la Renaissance. (Voir : MABILLEAU, *La Philos. de la Renais. en Italie*, p. 270 et suiv. ; GONZALEZ, *Historia de la Filosofia*, tomo segundo, Escuela Aristotélico-Alejandrina, p. 430 ; le *Pomponace*, de M. FIORENTINO, etc., etc. 2º Les origines du second système sur l'intellect agent, l'*averroïsme*, ainsi appelé du nom du philosophe le plus illustre des écoles arabes, sont multiples. Elles ont été souvent étudiées, notamment par M. RENAN dans son livre cité plus haut, et par le P. LIBERATORE dans son remarquable *traité de la connaissance intellectuelle*, cù. IV, art. III. Traduct. DESHAYES, in-8º, Berche, 1885, Paris). Thémistius, sans se prononcer sur le rapport qui nous unit à l'intellect agent, s'était contenté, selon la méthode des anciens commentateurs, de l'identifier avec Dieu. Jean Philopon, allant plus loin, avait, repris, tout en les combattant à divers égards, les doctrines néoplatoniciennes, et professé, après les Alexandrins, un aristotélisme spécial dans lequel la *nature* se réduisait à une *simple aptitude* à recevoir la forme que le divin lui imposait du dehors. Suivant lui, l'intellect même *possible*, même *acquis*, n'était pas, comme chez Alexandre, telle raison humaine en particulier. Pour l'humanité entière, il n'y avait qu'un seul entendement, entendement absolument séparé, et ne possédant que l'imparfaite éternité des êtres qui se reproduisent indéfiniment. Ici donc, déjà, ni le νοῦς ποιητικός, théorie semblable à celle d'Alexandre, ni le νοῦς παθητικός, théorie propre à l'école dont nous nous occupons maintenant, ne nous seraient personnels ; l'un et l'autre subsisteraient hors de nous, comme une substance extérieure à une autre. Les Arabes s'inspirent de cette nouvelle interprétation et à leur suite, les scolastiques hétérodoxes qui, à dater du milieu du XIIᵉ siècle, enseignent le plus souvent, sous l'influence de Gondisalvi, des Juifs méridionaux, de Michel Scott, ami de Frédéric II, etc., la théorie de l'*intellect séparé*. Avicenne, il est vrai, « paraît avoir connu et goûté le commentaire d'Alexandre, en isolant « soit *dans l'essence*, soit *dans l'existence*, l'entendement *qui devient tout*, ou *enten-* « *dement possible* (individuel), de l'entendement *qui opère tout*, ou *entendement agent* « (impersonnel). » (CHAIGNET, p. 525-526). Mais la direction dominante, c'est celle d'Averroës et de son disciple l'hébreu Maïmonide. La raison, *sous toutes ses formes*, disent-ils, demeure radicalement étrangère à l'homme ; elle n'est en lui,

inonde de ses rayons les ténèbres de l'imagination. Les données multiples des sens qui, jusque là, s'étaient fixées et conservées, au sein du moi, sous forme de représentations particulières, s'éclairent, s'illuminent, dans cette sorte de fulguration idéale. Καὶ ἔστιν ὁ μὲν τοιοῦτος νοῦς τῷ πάντα γίνεσθαι, ὁ δὲ τῷ πάντα ποιεῖν, ὡς ἕξις τις, οἷον τὸ φῶς·

selon l'antique langage de Philon et de Plotin, qu'un verbe éternel se prononçant momentanément, λόγος προφορικός, qu'une *irradiation intellectuelle*, lumière distincte, éclairant la pensée sans se confondre avec elle, unité, substance commune et idéale de nos esprits, qui les absorbe, en définitive, après l'éphémère existence du corps. Il y a une *intelligence cosmique*, émanée de Dieu sans être Dieu lui-même ; c'est celle qui nous illumine, c'est celle de laquelle nous participons différemment ; et, dès lors, apparaît l'astrologie, la science des formes et des âmes intermédiaires qui comblent l'immense vide existant, d'une part, entre Dieu, forme pure, et, d'un autre côté, l'homme et la nature physique, réduite, d'imperfection en imperfection, à la *matière première*, à la simple *possibilité*. « La théorie (méta« physique) des *intelligences séparées* apportera tout naturellement un renfort à la « théorie (idéologique) de l'*intellect séparé*. Averroès ne peut considérer l'intellect « comme une *simple disposition*, ainsi que le faisait Alexandre ; car il n'y a pas de « *disposition* sans *sujet*, et toute *faculté spéciale* demande un *agent spécial* qui la « réalise. L'âme humaine s'élève jusqu'à la *vertu cogitative* ; mais là s'arrête son « développement naturel. L'*intellect* n'est pas l'actualisation de cette vertu ; c'est « une *faculté d'essence supérieure* ; il ne fait pas, à proprement parler, partie de « l'individu ; il est l'influx d'une *intelligence transcendante* qui se *communique à lui*, « en *se soudant*, non en *se fondant* avec sa nature particulière. En lui, elle prend « conscience des principes ; en lui, elle est éternelle et divine, sans qu'il participe « lui-même à aucun de ces caractères. Tout est corruptible, en nous, excepté ce « qui n'est pas nous. L'âme, essence individuelle, est engendrée et périssable, — « non l'intellect, qui est l'essence spécifique, incarnée dans les individus. » (L. MABILLEAU, p. 289-290). Comme l'alexandrisme, poussé à ses dernières conséquences, incline à oublier l'intellect agent et à ne mettre en lumière, en nous, que nos facultés d'origine organique et naturelle, de même l'averroïsme, par la suppression totale en l'homme de ce qui fait l'individualité, de ce qui, en lui, est le plus lui, la raison, conduit, en dernière analyse, à un *panthéisme*. Ce n'est pas là seulement une vue *à priori* : c'est un fait confirmé tant par l'histoire même des averroïstes directs, que par l'action qu'ils ont incontestablement exercée sur les écoles modernes. Peut-être ne serait-il pas sans intérêt de montrer comment les conceptions panthéistiques des trois derniers siècles dérivent, au moins partiellement, des doctrines arabes et juives du moyen-âge. 3° Les difficultés dont les interprètes alexandristes et averroïstes d'Aristote ne parviennent pas à sortir sont résolues par le thomisme. Il suffira, sans entrer ici dans le détail d'une exposition qu'on ne peut tenter à demi, de rappeler les éléments essentiels du système de la *faculté naturelle*. Avec Aristote, saint Thomas admet que l'intellect agent, comme l'âme tout entière, est d'origine divine. Contre Alexandre, il soutiendrait qu'il est connaturel à l'homme, qu'il est une *puissance* véritable de notre être spirituel. Contre Averroès, il affirme qu'il n'y a pas en nous une *émanation*, une *effusion* momentanée de la raison impersonnelle, mais bien, au début de notre existence, une *création* libre, totale, souveraine de l'âme, principe un, substance simple, sujet identique doué de pouvoirs multiples et possédant tout ensemble une activité

τρόπον γάρ τινα καὶ τὸ φῶς ποιεῖ τὰ δυνάμει ὄντα χρώματα ἐνεργείᾳ χρώματα. L'homme n'avait point encore franchi les limites de l'expérience ; ses

sensible et une activité *intellectuelle*. Et parce que Dieu, raison absolument personnelle, type et exemplaire de toute personnalité, est l'auteur de notre être, nous participons de lui, sans nous identifier avec lui. Comme tout le fini, tout le contingent, tout le relatif, nous sommes, par sa volonté, suspendus entre le néant et sa perfection. De cette Cause première, nous tenons, outre l'existence, outre la vie, la pensée, ou mieux l'intellect qui est une vertu qu'il nous communique, une faculté qu'il nous confère, une perfection qu'il nous accorde par son bon plaisir. Au point de vue de l'intelligence, en un mot, comme à tout autre, nous sommes des *créatures*. Dieu est la Pensée, et nous avons la pensée ; Dieu est la Pensée sans bornes, et nous avons une pensée limitée. Dieu ne peut pas plus et mieux connaître qu'il ne connaît, et notre science est toujours progressive et défaillante ; Dieu est la Raison par soi, et nous sommes une raison par Dieu ; l'Entendement divin ne dépend de rien, et tout notre entendement dépend de Dieu. C'est, évidemment, cette participation de la créature au Créateur, de l'effet à la Cause, de la lumière dérivée au Soleil intelligible, qu'Aristote soupçonnait, qu'il entrevoyait sans doute, lorsqu'il disait que seul l'intellect est immortel, éternel, divin, impassible et affranchi des entraves de l'étendue. Mais la notion essentiellement chrétienne de création manquait au penseur antique ; il ne pouvait donc, tout en y tendant, s'élever à l'expression claire d'une semblable communauté de nature entre Dieu et nous, communauté que constitue la subordination de notre subsistance intellectuelle à la Subsistance divine, et, au contraire, la totale souveraineté de la Subsistance divine par rapport à nous. Comment, maintenant, dans l'interprétation thomiste du système d'Aristote, s'exerce notre puissance rationnelle, c'est là le problème auquel répond sommairement notre exposition de la théorie de la connaissance intellectuelle, qu'il faut compléter par cet important passage de l'Ange de l'Ecole même : « Notre esprit peut se trouver, relativement « aux choses sensibles qui existent en dehors de lui, dans un double rapport : « d'abord, dans le rapport d'acte à puissance, en tant que les choses extérieures « sont intelligibles en puissance, et notre esprit, intelligible en acte ; et alors il « faut admettre en nous un *intellect agent* qui rende les objets intelligibles en acte ; « ensuite, dans le rapport de puissance à acte, en tant que notre esprit contient, « seulement en puissance, les formes déterminées des choses qui existent en acte « hors de nous ; et alors il faut admettre en nous un *intellect possible* qui soit comme « le réceptacle des formes abstraites des choses sensibles, que rend intelligibles « en acte la lumière de l'intellect agent. » (Qq. dispp., Quæst. X, De Veritate, art. 6. Traduct. DESHAYES.) Voir, pour *la Lumière intellectuelle*, Liberatore, op. cit. ch. VI, p. 217, et surtout p. 220 et suiv. Nous n'avons pas suivi, — l'importance dogmatique étant moindre ici, — l'histoire de l'interprétation de la théorie de l'*intellect agent* chez les commentateurs Byzantins et Arméniens que la critique étudie présentement. Ce n'est pas à dire que, là aussi, les aristotéliciens, du Ve au XVe siècles, David l'Arménien, Theophylacte Simocatta, Michel Psellos, Georges Pachymère, Théodore Métochyta, Georges de Trébizonde et Gennadios, pour ne nommer que les plus célèbres, n'offrent, tant au point de vue de l'érudition qu'au point de vue doctrinal, un véritable intérêt. Mais il s'agissait, pour nous, de déterminer la valeur relative des trois systèmes péripatéticiens qui ont partagé, au moyen-âge et à l'époque de la Renaissance, l'Occident philosophique. L'interprétation Byzantine, quoiqu'elle présente, à quelques égards, une certaine parenté avec celle de saint Thomas, procède surtout des idées néoplatoniciennes,

perceptions, comme celles de l'animal, se réduisaient à des rapprochements de lignes et de couleurs, de figures et de grandeurs, en un mot, à des combinaisons de qualités sensibles.

Mis en présence de ces images individuelles, l'intellect agent les dégage peu à peu des conditions d'espace et de durée sous lesquelles elles apparaissaient d'abord. Il fait tour à tour abstraction et du phénomène subjectif de la sensation, et du phénomène objectif de la perception extérieure. Il entre, semble-t-il, plus avant dans les choses ; il parvient jusqu'à l'être en tant qu'être, jusqu'à l'essence, dont il met en relief les caractères ; et, spiritualisant, par une *action* véritable, chacune de nos pensées, il les élève de l'ordre physique à l'ordre de la pure intelligibilité.

L'activité intellectuelle ne se borne donc point, pour Aristote, à transformer les images en idées, ni à généraliser les propriétés perçues par les sens. Elle découvre un autre monde que celui que les sens saisissent. Elle va jusqu'au fond, jusqu'au centre invisible, jusqu'au substrat dernier des accidents et des modes. De la sorte est constituée la connaissance universelle et nécessaire. En premier lieu, les notions, ainsi obtenues par le travail de l'esprit, s'appliquent à plusieurs ; elles présentent les formes irréductibles suivant lesquelles une chose peut être énoncée d'une autre. En second lieu, ces notions expriment, pour notre entendement, les essences métaphysiques, les possibles divins que la matière, dans ses déterminations partielles, dans ses ébauches successives, aspire et tend à réaliser.[1]

---

1. Voir, pour le développement de la théorie péripatéticienne de la connaissance intellectuelle, outre les traités de Zigliara, de Gonzalès, de Tongiorgi, de Liberatore, etc., l'*Ontologie* du docteur Dupont. *Thèses de Métaphysique générale*, Louvain, Ch. Fonteyn, in-8°, 1875.

NOTE IV

THÉORIE DE L'ÊTRE, D'APRÈS ARISTOTE

A la théorie des *Idées*, qui double les objets au lieu de les expliquer, Aristote substitue la théorie des *Causes* et cherche la solution du problème de l'être dans l'opposition de l'*acte* et de la *puissance*. Changer, c'est passer d'un état antérieur à un nouvel état ; c'est, par conséquent, avoir été, d'abord, capable de se transformer, c'est avoir pu, originairement, devenir ce qu'on n'était pas encore. Il y a donc à distinguer, dans tout être, la *possibilité*, la *puissance* de changer, δύναμις, et la *réalisation* actuelle de cette possibilité, l'*acte*, ἐνέργεια, ἐντελέχεια. Le passage de la puissance à l'acte se produit par un mouvement, κίνησις, γένεσις, μεταβολή, terme intermédiaire, réalisation du possible en tant que possible.[1]

---

1. Il ne convient pas d'insister présentement sur la théorie aristotélique du *mouvement* dont il est question soit au X° livre de l'*Éthique à Nicomaque*, soit, plus longuement, δι' ἀκριβείας περὶ κινήσεως ἐν ἄλλοις εἴρηται, au chapitre XIV des *Catégories* (DINDORF, XI, *De Motu*), aux livres IV, V, VI, VII et VIII de la *Physique*, au livre XII de la *Métaphysique*, etc., etc. On sait qu'Aristote, se fondant sur sa célèbre table des catégories, reconnaît *quatre espèces* de mouvement. 1° Au point de vue de la *substance*, οὐσία, *se mouvoir*, c'est ou *se constituer* ou *se dissoudre* (γένεσις καὶ φθορά) ; 2° au point de vue de la *quantité*, ποσόν, c'est ou *s'accroître*, *s'augmenter* (αὔξησις), ou *se diminuer* et *s'amoindrir* (φθίσις, μείωσις). 3° Au point de vue de la *qualité*, ποιόν, le mouvement consiste dans un *changement*, une modification, une *altération* (κατὰ ποιόν μεταβολή, ἀλλοίωσις). Voir un exemple remarquable de cette sorte de mouvement au chapitre VI, § 14, du traité *de la Sensation et des Choses sensibles*. 4° Au point de vue du *lieu*, ποῦ, catégorie la plus importante ici, le *mouvement*, la *translation* (κατὰ τόπον κίνησις, ἡ φορά, κίνησις πόθεν ποῖ) peuvent être considérés sous différents aspects. (A) Ou bien, en effet, on recherche quels sont le *terme* et la *fin*, mieux encore l'*essence* et la *nature* du mouvement ; (B) ou bien l'on en étudie les multiples *manières d'être*, tant à l'égard de l'*objet mû* que par rapport au *sujet qui meut*. (A) Dans l'ordre de la *fin* et de l'*essence*, il faut distinguer entre la *translation absolue*, καθ' αὑτήν κίνησις, et la *translation relative*, πρὸς ἄλλο, πρός τι. (a) La *translation absolue*, toujours identique à soi, continue, éternelle et parfaite, mouvement *circulaire* infiniment simple de la droite à la gauche, se manifeste dans le *premier ciel*, πρῶτος οὐρανός.

D'un autre point de vue, Aristote appelle *matière*, ὕλη, τὸ ἐξ οὗ, ὑποκείμενον, la virtualité de l'être, et *forme*, εἶδος, μορφή, τί ἐστι, τί ἦν εἶναι, l'acte par lequel la chose est ce qu'elle est. La synthèse de la

C'est l'indéfectible rotation de la voûte solide des étoiles fixes, immédiatement engendrée par le *Moteur immobile*, κινοῦν ἀκίνητον, lequel n'agit qu'indirectement sur le reste. Le premier ciel, substance une, de même nature que les astres qu'elle porte comme un char son guide, sphère extérieure tournant incessamment autour de l'axe de l'univers, apparaît donc comme le premier moteur mû, πρῶτον κινοῦν κινούμενον, qui communique ensuite le mouvement aux corps planétaires et aux parties inférieures. (b) La *translation relative* affecte les portions plus basses du monde, les planètes, la terre avec sa double atmosphère, son océan et ses vivants. Tantôt circulaire, tantôt rectiligne, variable, en un mot, et susceptible de plus et de moins (δέχεται τὸ μᾶλλον καὶ τὸ ἧττον), elle présente comme des degrés descendants de perfection. Ainsi, les *sphères planétaires (deuxième ciel*, δεύτερος οὐρανός), se meuvent *circulairement*, mais non plus *simplement*, car leur rotation de droite à gauche, qu'elles tiennent du ciel premier, se complique d'un autre mouvement curviligne de gauche à droite, preuve qu'elles sont à la fois animées et par le premier moteur mû et par des moteurs seconds particellement indépendants. La *terre* ou *monde sublunaire*, enfin, centre et fraction la plus imparfaite de l'univers, subit, avec l'action *médiate* des étoiles fixes, l'influence *directe* des planètes et offre des mouvements rectilignes complexes de haut en bas, de bas en haut, etc. (Peut-être, après l'astrologie péripatéticienne, serait-il permis de chercher dans cette perpétuelle *dégradation* du premier Moteur immobile (Dieu) au suprême moteur mobile (le premier ciel), du premier ciel au ciel second (sphères planétaires), et du second ciel au monde sublunaire ou terrestre, un moyen de concilier les diverses assertions d'Aristote, et sur l'*Acte Pur*, qui ne connaît pas la multiplicité, et sur la *Providence* des dieux, moteurs seconds, âmes des étoiles fixes et des planètes). (B) La *translation*, considérée dans ses *manières d'être* par rapport à l'*objet mû*, prend *quatre formes* : l'*impulsion*, ὦσις ; la *traction*, ἕλξις ; la *véhiculation*, ὄχησις ; la *rotation* ou le *tournoiement*, δίνησις. A l'égard du *sujet qui meut*, la translation se subdivise « en vol, marche, saut et autres mouvements de cette sorte, « πτῆσις, βάδισις, ἅλσις καὶ τὰ τοιαῦτα. » — Le mouvement, d'ailleurs, quelle qu'en soit la nature, ne se révèle ni comme l'*acte* achevé et complet, ni comme la simple *puissance*. Il constitue plutôt le *passage*, l'*acheminement* de la puissance à l'acte, la puissance en voie de se réaliser. Le sculpteur, par exemple, alors qu'il a commencé son œuvre, n'a plus entre les mains une *matière* où Jupiter n'existe qu'à l'état de virtualité ; il ne possède pas davantage la statue terminée. Mais il y a là le dieu *se faisant*, le bloc de marbre ou d'airain *devenant* Jupiter. Le mouvement se réduit donc à « *l'actualité du possible en tant qu'il est encore possible*. » L'être en puissance, n'étant pas, peut être ; l'être en acte est réalisé ; l'être en mouvement *devient* et *se fait*. Maintenant, selon qu'on considère les produits de l'art ou ceux de la nature, le *principe du mouvement* est externe ou intérieur. C'est-à-dire que, dans le bloc d'où sortira la création esthétique, il n'y a qu'une pure *possibilité*, une *capacité* simplement *passive* de recevoir telle ou telle forme, non une tendance donnée vers celle-ci ou celle-là, une aptitude, une prédisposition originelle, ἕξις, à l'une plutôt qu'à l'autre. La *cause motrice*, ici, c'est l'artiste. Au contraire, dans les êtres *naturels*, la *nature* de chacun s'efforce précisément, — sous l'attrait de la Perfection, descendant de ciel en ciel, de règne en règne, du Dieu souverainement intelligible jusqu'à nous et à la matière, — de compléter, d'achever ce qui, en cet être, est encore en puissance. Elle aspire progressivement à l'enrichir, à le

matière et de la forme, l'union de la puissance et de l'acte constituent l'individu, tel que nous le présente l'expérience. La transition de la matière à la forme, c'est la *cause efficiente*, ἀρχὴ κινήσεως, ἀρχὴ γενέσεως, qui n'opère le changement qu'en vue d'un but, d'une fin, d'un certain idéal de perfection.

Ainsi, quatre principes rendent compte des démarches et des progrès de l'être : deux principes *internes*, la cause matérielle et la cause formelle ; deux principes *externes*, la cause motrice et la cause finale.[1] Mais ces quatre principes se ramènent eux-mêmes à deux : car, d'un côté, la cause formelle se confond avec la cause finale ; la fin de l'être ne se distingue pas de la forme qu'il doit revêtir ; et, d'autre part, la cause finale ne diffère pas essentiellement de la cause efficiente ; c'est par la fin vers laquelle il tend que l'être se meut. En somme donc, il n'y a que deux causes, la matière et la forme, la puissance et l'acte, l'une qui est l'être, aspirant à l'existence et en voie de se réaliser, l'autre qui, à la suite du mouvement, sorte d'acte incomplet, constitue l'être définitif et achevé.

Discuter ces notions, en montrant, avec les péripatéticiens scolastiques, que la puissance elle-même trouve sa racine dans l'acte, que la matière vient de la forme, que le monde est le libre produit de l'éternelle Pensée, ce serait compléter, par l'exposition de la théorie adverse, la critique du système de Platon. L'examen de la philosophie d'Aristote, telle que le moyen-âge spiritualiste l'a faite, nous conduirait, ce semble, à la considérer, non plus comme un corps de doctrines hypothétiques, mais comme une formule *définitive*, que l'esprit n'aura plus qu'à développer. On comprend, quand on étudie l'œuvre d'Aristote, l'enthousiasme des commentateurs Byzantins, Arabes et Latins, pour celui qu'à l'exclusion de tout autre, ils ont nommé « le *Philosophe* » et

---

déterminer, et, par suite, à le conduire à l'entier *épanouissement de son acte*, en même temps qu'à son *bien*. Nature *propre à chaque être* qui est, pour lui, en dernière analyse, ce qu'est l'*âme* pour le *corps vivant*, la forme, l'acte, le bien, *principe interne de mouvement, entéléchie*.

1. Nous parlons, ici, d'une manière générale ; car il se peut très bien que la cause formelle, principe interne, se confonde, ainsi que nous le montrons, avec la cause efficiente et la cause finale. La note suivante, sur le *Dieu d'Aristote*, éclaire ce point. Au fond, des quatre principes qu'admet Aristote, deux sont *intérieurs* et, en quelque mesure, *inhérents à l'être* ; les deux autres sont ou *en dehors* de l'être, ou tout ensemble *au dedans* et *en dehors*, jamais au dedans seulement.

le « *Maître* ». La raison humaine, au moins dans les grands docteurs,[1] n'a jamais été asservie à la lettre du péripatétisme ; mais elle a pu et elle a dû rendre librement hommage à des conceptions que sont venus, de siècle en siècle, confirmer les progrès de la science.

NOTE V

DU DIEU D'ARISTOTE

Le mouvement, d'après Aristote, n'a pas sa raison en lui-même. Chaque mouvement trouve sa cause dans une fin plus haute. Or, la série des causes finales ne peut fuir perpétuellement ; il faut une fin dernière, à laquelle le mouvement se termine. La nature nous élève à Dieu : que doit-on penser du Dieu d'Aristote ?

I. *Le Dieu d'Aristote est réel. Théorie opposée à l'alexandrisme.*
1° Une première interprétation de la doctrine d'Aristote consiste à faire de Dieu, avec les *alexandristes*, un idéal auquel la nature aspire,

---

[1]. Pour l'*Autorité d'Aristote au Moyen-Age*, voir le mémoire de M. Ch. Waddington, in-8°, Paris, Picard, 1877 ; et Talamo, l'*Aristotélisme de la scolastique*, in-12, Paris, Vivès, 1876. « Descartes, en présence des subtilités et des « controverses d'une scolastique *dégénérée*, » écrit M. Ch. Loomans *(De la connaissance de soi-même*, 2ᵉ édition, Paris, Lecoffre, 1883, in-12, p. 24). « L'esprit « moderne ne doit pas oublier que toutes les écoles du moyen-âge, si laborieuses, « si animées, ne forment à son égard qu'un grand collège où il a reçu une « éducation féconde, parce qu'elle a été forte et sévère. » (De Salinis et de Scorbiac, *Précis de l'histoire de la Philosophie*, Paris, Hachette, in-12, 1847, p. 5). Gonzalez, *Estudios sobre la Filosofia de santo Tomás*, Manila, Juan Cortada, 1864, 3 tom. in-8°. Van Weddingen, *Essai critique sur la Philosophie de saint Anselme*, Bruxelles, Hayez, imprimeur de l'Académie Royale, 1875, p. 391 et suiv., *De la Méthode scolastique*.

inconsciemment ou consciemment.[1] 2° Mais la discussion des enseignements du philosophe établit que, pour lui, une idée abstraite, sans réalité, est impuissante à expliquer l'être. « Le réel est le commencement de l'idéal, » (RAVAISSON) ; l'acte est antérieur à la puissance, le parfait à l'imparfait. Un concept, produit tardif de l'entendement, ne saurait rendre compte du monde. Si Aristote faisait consister Dieu dans une Idée, il diviniserait une abstraction, ce qu'il reproche à Platon.

« Αἴ τε γὰρ οὐσίαι, πρῶται τῶν ὄντων, καὶ εἰ πᾶσαί φθαρταί, πάντα « φθαρτά. » *(Met.*, XII, vi, 1.) « Νοητὴ δὲ ἡ ἑτέρα συστοιχία καθ' αὐτήν· « καὶ ταύτης ἡ οὐσία πρώτη. » *(Met.*, XII, vii, 3). Consulter, sur cette question, les profondes dissertations de CÉSALPINI, *Quæstiones peripateticæ*, II, iv, vi. In-fol. Venise, 1571. « Τὸ τέλειον, πρότερον τοῦ « ἀτελοῦς ». *(De Cælo*, II, iv, 2). Voir aussi CREMONINI, *De Physico audilu*, p. 51. *Potiores argumentationes circa æternitatem motus*, p. 1. *De Creatione ad mentem Aristotelis*, (Bibliothèque de l'Université de Padoue), etc. MABILLEAU, *Etude historique sur la Philosophie de la Renaissance en Italie*, p. 191 et suiv. « Comment le *Bien, substance* « première, serait-il l'*universel*, simple *attribut* commun à plusieurs êtres, « et destitué de toute réalité propre ? » *(Met.*, III, vi.)

Le Dieu d'Aristote est donc réel : mais de quelle réalité ?

II. *Dieu est non-seulement l'Intelligible (Théorie d'Averroès), mais l'Intelligence (Théorie de saint Thomas)*. 1° Une seconde interprétation consiste à faire du Dieu d'Aristote la Raison Impersonnelle, immanente au monde, et qui, en devenant le monde, se réaliserait. Dieu, ici, ce serait l'Intelligible qui, endormi dans le minéral, s'éveillerait dans le vivant et prendrait conscience de soi dans l'homme. Cette nouvelle conception du Dieu d'Aristote ne doit-elle pas être dépassée ? 2° L'intel-

---

1. On peut voir, pour Alexandre d'Aphrodisias, ὁ ἐξηγητής, ainsi que le nomment communément ses disciples de l'école péripatéticienne, ses deux traités originaux : *De la nature de l'âme* et *De la fatalité et De la liberté*, imprimés ensemble par Trincavellus, Venise, in-4°, 1534 (avec les *œuvres de Thémistius*). Double traduction latine de l'ouvrage *de la fatalité et de la liberté* : (HUGO GROTIUS, *Philosophorum sententiæ de fato*, Amsterdam, 1648 ; SCHULTHESS, (a) édition *particulière*; (b) *Biblioth. des Philosophes grecs*, Zurich, 1782, in-8°). Traduction française : NOURRISSON, *Essai sur Alexandre d'Aphrodisias, suivi du Traité du Destin et du Libre pouvoir aux empereurs*, Paris, in-8°, 1870. Pour les *Commentaires* d'Alexandre sur Aristote, dont certains ont été traduits en latin et publiés à Venise, en 1489, et à Munich en 1842, dont plusieurs autres sont restés manuscrits, consulter : *Bibliothèque grecque de Fabricius*; CASIRI, *Biblioth. Arabico-Hispan.*, T. I, p. 243 ; édit. de Buhle, T. I, p. 287 et suiv., etc.

ligible, pour Aristote, n'existe pas plus, par lui-même, que l'universel. Aussi ne doit-on pas s'arrêter au système d'Averroès. La pensée, prise en soi, est *abstraite* et suppose un *sujet* qui pense. La raison immanente ne se comprend pas sans une Raison transcendante.

Contre le commentaire d'Averroès,[1] les textes du philosophe sont probants. Le Dieu d'Aristote est une *conscience*, νόησις νοήσεως, *(Met.*, XII, IX, 4); une *substance simple*, οὗτος ὁ νοῦς χωριστός, καὶ ἀπαθής, καὶ ἀμιγής, τῇ οὐσίᾳ ὢν ἐνεργείᾳ, *De Anim.*, III, v). Ailleurs, Aristote affirme qu'il est meilleur d'être le sujet que l'objet de la pensée, βέλτιον γνωρίζειν ἢ γνωρίζεσθαι, *(Magn. Moral.*, II, XI, 36). Dieu est un Vivant éternel; φαμὲν δὲ τὸν θεὸν εἶναι ζῷον ἀΐδιον ἄριστον. Ὥστε ζωὴ καὶ αἰὼν συνεχὴς καὶ ἀΐδιος ὑπάρχει τῷ θεῷ· τοῦτο γὰρ ὁ θεός, *(Met.*, XII, VII, 7). Le sentiment de sa perfection fait son bonheur absolu; θεὸς ἂν μόνος τοῦτο ἔχοι τὸ γέρας, *(Met.*, I, II, 18-19); ὁ θεὸς ἀεὶ μίαν καὶ ἁπλῆν χαίρει ἡδονήν, *(Ethic. Nic.*, VII, XV, 8); « l'acte de Dieu qui l'emporte en bonheur sur tout « autre est purement contemplatif, » *(Ethic. Nic.*, X, VIII, 7). (Cf. *Met.*, XII, VII, 6-7). « Ainsi nous regarderons comme un point parfai- « tement accordé que le bonheur est toujours en proportion de la « vertu et de la sagesse, et de la soumission à leurs lois, prenant ici « pour témoin de nos paroles Dieu lui-même, *dont la félicité suprême « ne dépend pas de biens extérieurs, mais est toute en lui-même et dans « l'essence de sa propre nature. (Polit.*, IV (VII) I, 5. Traduct. BARTHÉ- « LEMY SAINT-HILAIRE). L'*action de Dieu* n'a rien d'extérieur, et reste « concentrée en elle-même. » *(Polit.*, IV (VII) III, 6.)

3° Est-ce à dire que, pour Aristote, Dieu soit ce que nous nommons aujourd'hui une *personne?* — Il n'est pas l'*impersonnel*, mais une réalité supérieure à la fois à l'impersonnel et aux personnes, la source *supra-*

---

1. Pour Averroès, consulter plus spécialement : CONDE, *Historia de la dominación de los Arabes en Espana*, 3ᵉ partie, ch. XXIX, p. 423 et suiv.; ch. XLIII, p. 179 et suiv., édition de Paris. RENAN, *Averroès et l'Averroïsme*, Paris, 1852 et 1860, in-8°. Dans ses œuvres, deux dissertations sur *la nature de l'intellect agent et possible* : (A) *De Animæ Beatitudine*; (B) *Epistola de connexione intellectûs abstracti cum homine.* Autre dissertation sur la question de savoir *s'il est ou non possible que l'intellect comprenne les formes séparées.* Version hébraïque : Traité *de l'intellect matériel ou de la possibilité de la conjonction* (avec Commentaires de Moïse de Narbonne et de Joseph Ben-Schem-Tob). B. ALBERT LE GRAND, *Libellus contra eos qui dicunt quod post separationem ex omnibus animalibus non remanet nisi intellectus unus et anima una. (Opera,* édit. Jammy, T. V, p. 218 et suiv.) SAINT THOMAS D'AQUIN, *De Unitate intellectûs contra Averroïstas,* etc.

personnelle d'où dérivent les personnes, s'il est permis d'exprimer les idées d'Aristote en langage moderne.

Identité, en Dieu, de l'Intelligible et de l'Intelligence : « Ταὐτὸν νοῦς « καὶ νοητόν· τὸ γὰρ δεκτικὸν τοῦ νοητοῦ καὶ τῆς οὐσίας νοῦς· ἐνεργεῖ δὲ « ἔχων. » Ici, pas d'intelligence spéculative, pas d' « ἕξις » différente de l' « ἐνέργεια ». *(Met.*, XII, vii, 6.)

Il faut maintenant, parler sommairement des rapports de la raison humaine et de Dieu.[1] D'une part, il paraît difficile de ne pas regarder

---

1. Il semble qu'en ce qui concerne la conception de la Providence, il y ait plusieurs *directions* et comme des *moments* divers de pensée chez Aristote. Faut-il s'en tenir à l'étroite formule qui nie absolument l'action *consciente* de Dieu sur l'univers ? C'est là le sentiment de nombreux critiques. « Dieu, écrit M. Ravaisson « *(Essai sur la Mét. d'Arist.* T. I, p. 589, 590, 593), demeure tout en lui-même, et la « pensée de la pensée ne sort pas de la pensée... Ce n'est pas l'être absolu qui « s'abaisse à la considération du non-être... Ce n'est pas Dieu qui voit en lui les « idées... Ce n'est pas Dieu qui pense tout ce qui est autre que sa pensée même... « Ce n'est pas lui qui ordonne pour lui-même tout ce qui est autre que lui... « Dieu ne descend point à gouverner les choses. » Mais ces mots ne résument pas tout le commentaire de l'auteur, puisqu'il est obligé d'ajouter en note (p. 594), « qu'Aristote, *en quelques endroits*, attribue l'action ordonnatrice et providentielle « à *Dieu* comme à la *nature*. Ainsi, *De Cælo*, I, iv : « ὁ θεὸς καὶ ἡ φύσις οὐδὲν « μάτην ποιοῦσι. » *De Gener. et corrupt.* « συνεπλήρωσε τὸ ὅλον ὁ θεός »...
« Au reste, conclut-il, il faut s'attacher, ici comme ailleurs, à la *liaison générale* « *des idées* plus qu'à la *terminologie de passages particuliers* dont l'interprétation est « plus contestable. » Mais l'interprétation et la liaison générale des idées ne reposent-elles pas justement sur les passages particuliers ? Toujours est-il qu'en présence de textes multiples, on est conduit, au nom de l'exactitude historique et philosophique, à suspendre un jugement trop affirmatif. Faut-il, conformément à la précédente manière de voir, déclarer que toutes les phrases d'Aristote « où il est « question du culte des Dieux » « doivent être prises dans un sens *exotérique* et « *populaire* ? » (Ravaisson, T. I, p. 590, note). Peut-être élude-t-on ainsi la difficulté au lieu de la résoudre. M. Ollé-Laprune *(Essai sur la Mor. d'Arist.*, p. 6 et suiv.) discutant l'un des textes de l'*Éthique à Nicomaque* relatifs à la Providence, paraît également admettre l'opinion qui ôte, « *du moins selon toute apparence*, la « connaissance du monde à Dieu. » Pourtant, dans la suite de l'ouvrage (ch. VI, p. 198), il est loin, évidemment, de nier, chez Aristote, une certaine action de Dieu sur les choses. Mais ce n'est encore qu'une « paisible et tout intime action « qui explique l'univers... La Divinité, dit-il, est la *cause* du monde parce qu'elle « est la *fin* qui attire tout à soi. » Je n'oserais soutenir que la citation au sujet de laquelle M. Ollé-Laprune établit son importante distinction entre les trois mots δοκεῖ, ἔοικε et φαίνεται, soit contraire à une autre interprétation que celle qu'il donne de la pensée du philosophe. « Ἔοικε, enseigne-t-il, n'exprime plus cette « sorte d'évidence de fait (du φαίνεται) (justifiée d'ailleurs ou non par la raison, « mais ayant toujours au moins une valeur provisoire) ; ἔοικε marque la *vraisem-*« *blance*, la *probabilité*. L'apparence, ici, c'est ce qui s'offre à l'esprit comme une « *conjecture* ou *conclusion raisonnable* (du moins, dans telle ou telle *supposition*...) « On pourrait traduire en français par ces mots : *il semble bien que...*, ou *il y a*

le νοῦς de l'homme comme une dérivation de la Pensée éternelle, tant il y a, entre notre pensée et celle de Dieu, de rapports intimes, de parenté, συγγένης *(Ethic. Nic.*, X, ix). D'autre part, c'est là une vue sublime plutôt qu'une théorie arrêtée, conséquence de l'ensemble du système. Demeurons indécis, comme Aristote, et ne prétendons pas lui prêter plus de rigueur qu'il n'en a.

« *lieu de penser que...*, ou *on peut conjecturer que...* Ce ne sont que des vraisem-
« blances, mais des *vraisemblances qui ont du prix aux yeux de l'auteur, et il les prend*
« *à son compte...* Δοκεῖ est le terme générique qui exprime l'opinion : c'est ce
« qu'*on pense*, ce qu'*on croit*, ce qu'*on juge*, ce qu'*on admet*. Il y a certainement des
« cas où l'opinion ainsi indiquée peut bien être celle d'Aristote, mais même alors
« c'est à peine s'il prend parti : l'opinion signalée le laisse comme indifférent...
« Δοκεῖ, *il semble que...* ; est-ce à Aristote ou aux autres ? Souvent peu importe.
« *Il semble à tout le monde,* voilà communément le sens. Par suite, il semble au
« vulgaire, aux esprits superficiels ou aux sophistes. Alors δοκεῖ est le mot propre.
« Aristote ne mettrait point ἔοικε. Il se sépare lui-même de l'opinion qu'il
« rapporte. » (p. 8-9). « *Si Aristote eût voulu indiquer que l'opinion en question lui*
« *paraît à lui-même une conjecture probable, il eût dit* : ὡς ἔοικε... ; mais il dit :
« ὡς δοκεῖ. C'est l'opinion d'autrui qu'il rappelle... l'opinion vulgaire, ou peut-
« être... plus précisément celle de Platon. » (p. 7-8-9). Reprenons nous-mêmes,
à l'aide de cette pénétrante analyse, l'examen du passage dont il s'agit. *(Ethic. Nic.*, X, ix, 5). Ὁ δὲ κατὰ νοῦν ἐνεργῶν καὶ τοῦτον θεραπεύων καὶ διακείμενος ἄριστα καὶ θεοφιλέστατος ἔοικεν· εἰ γάρ τις ἐπιμέλεια τῶν ἀνθρωπίνων ὑπὸ θεῶν γίνεται, ὥσπερ δοκεῖ, καὶ εἴη ἂν εὔλογον χαίρειν τε αὐτοὺς τῷ ἀρίστῳ καὶ τῷ συγγενεστάτῳ (τοῦτο δ' ἂν εἴη ὁ νοῦς) καὶ τοὺς ἀγαπῶντας μάλιστα τοῦτο καὶ τιμῶντας ἀντευποιεῖν ὡς τῶν φίλων αὐτοῖς ἐπιμελουμένους καὶ ὀρθῶς τε καὶ καλῶς πράττοντας. Ὅτι δὲ πάντα ταῦτα τῷ σοφῷ μάλιστ' ὑπάρχει, οὐκ ἄδηλον. Θεοφιλέστατος ἄρα. Τὸν αὐτὸν δ' εἰκὸς καὶ εὐδαιμονέστατον· ὥστε κἂν οὕτως εἴη ὁ σοφὸς μάλιστ' εὐδαίμων. Tel étant le texte d'Aristote, voyons comment on peut le traduire. « Quant à l'homme qui conforme ses actes à « la Raison, et qui l'honore, *il semble bien,* » (il y *a lieu de penser, on peut conjec- turer*, vraisemblance ayant, précisément, du prix aux yeux du philosophe, et qu'il prend à son compte, puisqu'il l'énonce *antérieurement* à ce qu'il regarde comme l'*opinion générale*), « qu'il est moralement le mieux disposé de nous et le plus cher « aux dieux. » (Ce n'est qu'ensuite, et le principe une fois établi *à priori* comme *probable* et *raisonnable en soi*, que l'auteur passe, *à posteriori*, à la *supposition* de la plupart des hommes. Au début, l'affirmation d'Aristote n'a donc rien d'hypothé- tique : 1º il est naturel de juger, nous dit-il d'abord en son propre nom, que le sage est le plus cher aux dieux. Voilà, non une *conclusion*, mais une *profession de foi* initiale, expressément et explicitement formulée.) 2º « Car si les dieux ont « quelque soin des affaires humaines, comme *on l'admet* », (*on le pense*, la commune croyance conférant, sans doute, une nouvelle valeur à l'avis personnel d'Aristote, et transformant en *conséquence légitime* ce qui était pour lui, préalablement, une maxime, conjecturale peut-être, encore que digne d'attention et d'égards philoso- phiques), « il est logique, εὔλογον, qu'ils se plaisent à ce qu'il y a de meilleur et « de plus apparenté à eux-mêmes, à savoir la Raison, et qu'en retour, ils « comblent de bienfaits ceux qui la chérissent et la respectent avec le plus de « zèle, comme des hommes qui ont souci de ce qu'aiment les dieux, et qui se

4° *Des attributs de Dieu.* Il est *éternel,* puisque le mouvement est éternel (*Met.*, XII, vi); *immobile,* parce que le mouvement n'est qu'un acte imparfait, supposant, d'un côté, une *puissance,* de l'autre, un *but* (*Phys.*, VIII); *un,* parce que le mouvement céleste est uniforme, et qu'il y a harmonie dans le monde (*Met.*, XII, x ; XIV, iii, 7) ; *acte pur,* car si quelque chose, en lui, était en puissance, il ne serait pas le

« conduisent avec droiture et noblesse. Que toutes ces conditions, d'ailleurs, se trou-
« vent particulièrement réunies chez le sage, c'est ce dont l'évidence est manifeste,
« οὐκ ἄδηλον. Le sage est donc le plus cher aux dieux. » (Ici, plus de formule dubitative ni restrictive, les opinions des autres confirmant les raisonnements de l'écrivain, συμφωνεῖν τοῖς λόγοις ἐοίκασιν αἱ τῶν σοφῶν δόξαι (X, ix, 4, et ce que tout le monde juge étant vrai, selon lui, ὃ γὰρ πᾶσι δοκεῖ, τοῦτ' εἶναί φαμεν, (X, ii, 4). « Et, d'un autre côté, le sage doit, selon toute vraisemblance, εἰκός, » (vraisemblance prise encore au compte d'Aristote), « jouir de la plus grande
« félicité : de sorte qu'en un tel état de choses, le sage surtout doit être
« heureux. » Voilà une rigoureuse déduction qu'il paraît d'autant plus difficile de qualifier d'*exotérique,* de *populaire,* qu'en même temps qu'elle renferme, unis l'un à l'autre, les deux mots ἔοικε et δοκεῖ, elle affirme l'une des vérités les plus *acroamatiques* du péripatétisme, la *parenté,* συγγένεια, de l'homme avec Dieu !
— Pourquoi ne pas conclure qu'Aristote n'a point toujours été d'accord avec lui-même (ce dont un grec, d'ailleurs, ne semble ni souffrir ni s'inquiéter beaucoup), qu'il a mis, ici, une doctrine immuable, conséquence de sa métaphysique, que des vues aussi profondes que sublimes ? Parfois, frappé d'admiration à la pensée de la perfection divine, il en vient presque, tant il s'élève, à oublier l'univers ; parfois, au contraire, au spectacle de notre vertu et de la grandeur de la raison, il modifie ce qu'ont de trop absolu certaines de ses assertions, et institue une relation, directe ou non, entre la Cause première et l'homme. Sous prétexte de logique à outrance, ne sacrifions pas, chez Aristote, une conception-maîtresse, celle de la Providence, qui ne répugne ni toujours à l'esprit, ni souvent à la lettre de son système. Qu'on se rappelle la distinction établie plus haut entre les *dieux secondaires* et le *Moteur immobile,* et, peut-être, sans rien abandonner des théories du philosophe, entendra-t-on mieux, avec le texte précédent, ces deux autres passages de l'*Ethique à Nicomaque :* « les enfants aiment leurs parents, et les
« hommes les dieux, comme un bien et comme quelque chose de supérieur ; car ils
« leur doivent les plus grands de tous les bienfaits, ἔστιν δ' ἡ μὲν πρὸς γονεῖς φιλία
« τέκνοις, καὶ ἀνθρώποις πρὸς θεούς, ὡς πρὸς ἀγαθὸν καὶ ὑπερέχον· εὖ γὰρ
« πεποιήκασι τὰ μέγιστα. » (VIII, xii, 5). « S'il y a quelque présent que les dieux
« aient accordé aux hommes, il est logique, εὔλογον, que la félicité aussi nous vienne
« d'eux, alors surtout qu'elle constitue la meilleure des choses humaines, question
« plus appropriée, peut-être, à un autre ordre de recherches, » à la Métaphy-que, dit M. Ravaisson (T. I, p. 54) « à laquelle Aristote se *réfère,* dans la morale,
« pour la question de la Providence. » (Εἰ μὲν οὖν καὶ ἄλλο τι ἐστὶ θεῶν δώρημα ἀνθρώποις, εὔλογον καὶ τὴν εὐδαιμονίαν θεόσδοτον εἶναι· καὶ μάλιστα τῶν ἀνθρωπίνων ὅσῳ βέλτιστον. Ἀλλὰ τοῦτο μὲν ἴσως ἄλλης ἂν εἴη σκέψεως οἰκειότερον.) (I, ix, 2-3). — Quelque jugement qu'on porte sur ces citations et sur bien d'autres passages du même genre, il faut se dire qu'on n'explique ni ne justifie tout, en les considérant comme *exotériques.* En dernière analyse, même après ces suppressions, la question des rapports de Dieu et du monde reste

premier moteur ; *Pensée de la Pensée*, immatériel en tous sens, autrement, il ne serait plus l'actualité pure, la matière étant la puissance des contraires ; *Bien*, enfin, en tant que *fin parfaite ;* bien téléologique et non moral, au moins suivant la plus commune interprétation, Providence sans le savoir ; bien *efficient* seulement en tant que final. Il se suffit, αὐταρκής ; il trouve en lui son bonheur (*Met.*, XII, x, 1-2) ; « le Bien

pendante dans le péripatétisme. Qu'est-ce, en effet, que cette *Nature*, qualifiée de divine par Aristote, et substituée, dans l'universelle architectonique, au *Démiurge* de Platon ? Qu'est-ce, d'un autre côté, que cette Raison également divine, cet *Intellect Agent*, immortel et éternel, sans lequel nous n'arriverions point à la véritable connaissance ? On prétend qu'au nom d'un principe de perfection, le philosophe isole son Dieu, qu'il le bannit *de toute manière* et du monde des sens, et du monde de la pensée humaine : comme si, aux yeux d'Aristote, la Divinité ne peut, dans la souveraine unité de son essence, concevoir et réaliser toute perfection. En même temps, on enseigne qu'en nous et hors de nous, l'intelligible, le beau, le bien, le divin, en un mot, sont incessamment et nécessairement présents. La *Nature*, nous dit-on d'une part, cause interne de mouvement, principe inférieur, divin sans être Dieu, travaille à déterminer chaque être, le pousse vers son acte, est, en quelque sorte, pour les choses inanimées, ce qu'est plus particulièrement l'âme, pour les corps des vivants, la *forme*, l'*entéléchie*. D'autre part, ajoute-t-on, l'*Intellect Agent*, qui vient en nous du dehors, qui est surnaturel et divin, *mais qui n'est ni Dieu, ni émané de Dieu*, nous rend capables de penser, c'est-à-dire d'accomplir notre œuvre propre. Voilà donc le dernier mot de la doctrine péripatéticienne : le divin partout, et Dieu, nulle part ! Singulière façon d'entendre les mots ἔξωθεν et τὸν νοῦν μόνον θύραθεν ἐπεισιέναι, καὶ θεῖον εἶναι μόνον, et vingt autres passages où l'intime rapport de Dieu et de l'entendement humain n'est pas moins explicitement affirmé ! Du divin, dans toutes les perfections d'un univers que Dieu ignore ! Du divin, dans notre raison consciente (que Dieu connaît forcément, puisqu'il en constitue l'élément supérieur), et qu'il doit ignorer aussi, cependant, selon la thèse que nous combattons, puisque cette raison appartient à l'univers imparfait ! N'y a-t-il vraiment, chez Aristote, rien de plus profond, rien de plus *ésotérique* que cette suprême contradiction ? Ce n'est pas ainsi que saint Thomas, le plus puissant, le plus complet des péripatéticiens, entend son maître. Aristote, en cherchant dans les *âmes des astres* la source de leur activité (ces *âmes* qu'on a pu comparer aux *anges* de la théologie chrétienne, « el movimiento... de los astros es... debido à la accion « inmediata de ciertas sustancias inmateriales é inteligentes, *intellectus*, *intelli-* « *gentia*, muy análogas á los ángeles de la teología cristiana, las cuales son « motores de los astros, pero no formas sustanciales de los mismos », (GONZALEZ, *Hist. de la Fil.*, I, p. 296-297) ; en montrant que tout, dans le monde sublunaire, est fait en vue du meilleur, en retrouvant enfin, au sein de notre pensée, la lumière immortelle et éternelle, pose presque, dans les termes du spiritualisme moderne, le problème de la Providence et de l'optimisme. Une *nature* qui, spontanément, aspire de toutes parts au parfait, une *force* qui engendre et organise inconsciemment les choses, « comme le ferait le calcul abstrait d'une réflexion prévoyante », (FOUILLÉE, *Philos. de Plat.*, T. II, p. 226), n'est-ce pas une *réalité sur laquelle, en un sens ou en un autre, Dieu exerce déjà sa paternelle influence*, ce Dieu qui n'est pas jaloux, car les poètes sont menteurs, et qui nous laisse jouir par instants de sa

« de l'armée, c'est l'ordre qui y règne, et son général, et surtout son
« général : ce n'est pas l'ordre qui fait le général ; c'est le général qui
« est la cause de l'ordre. »

III. *Le Dieu d'Aristote est la synthèse de l'Intelligible et de l'Intelligence.* 1° En Dieu, l'intelligible et l'intelligence ne sont pas deux termes différents, mais identiques ; (et, d'une manière générale, d'ailleurs, c'est en cette identification même que consiste la supériorité du νοῦς sur la διανοία et l'αἴσθησις). En l'acte pur, l'intelligence devient intelligible par une sorte de contact immédiat d'elle-même avec elle-même. L'intelligible, en un mot, c'est donc, ici, l'intelligence se conférant une valeur objective, et, devenue objective, se contemplant comme du dehors. Le parfait ne peut penser que le parfait Admettre, en Dieu, la connaissance discursive d'essences (PLATON), c'est y admettre pluralité et imperfection. Ne peut-on pas dire, du reste, que le Dieu d'Aristote, en pensant l'intelligible, dans son *actualité une*, pense les formes possibles de l'intelligible et les essences, en leur source *une*, en leur *principe actuel* et réel ?

2° Et ceci nous amène à une conception plausible, semble-t-il, des rapports de la Pensée divine avec le monde. En un sens, Dieu, ne connaissant pas l'imparfait, ignore le monde. En un autre sens, on peut dire qu'il atteint le monde, en ce que ce monde a d'intelligible et de

---

sereine félicité ? Un intellect, qui n'est pas une des puissances de l'âme provenant du corps et de la matière (ἔνυλοι λόγοι), une raison séparée, impassible, soustraite à l'étendue, seule immortelle et éternelle, n'est-ce pas, sous quelque image qu'on exprime cette conception, « une vertu que nous tenons par participation d'une « Substance supérieure, à savoir de Dieu? » (SAINT THOMAS, Cf. *Qq. Disp. Quæst. De Prophetiâ*, art. 1. *Quæst. De Magistro*, art. 1, ad. 7. Opusc. *Super Boetium de Trinitate*, etc.) Qu'Aristote ait paru croire, en général, à un acte purement intérieur du Moteur immobile, c'est certain ; qu'à bien des égards, son système soit en opposition avec cette idée dominante, cela n'est pas moins évident ; qu'on doive ramener toute sa philosophie au premier de ces deux points de vue, c'est douteux ; qu'on soit infidèle à ce que j'appellerai le principe directeur du péripatétisme en en déduisant plus nettement le dogme de la Providence, c'est faux. La métaphysique thomiste, tel est le meilleur commentaire de ces deux paroles du penseur grec où se résume toute sa philosophie la plus haute : « le bien d'une armée, c'est « l'ordre, et c'est aussi, c'est surtout son *chef*; ce n'est pas l'ordre qui constitue le « chef, c'est le chef qui fait l'ordre... Les êtres ne veulent pas être mal gou-« vernés ; la souveraineté de plusieurs n'est pas bonne ; qu'un seul commande. » « Ce n'est pas comme homme qu'on vit de la vie contemplative, mais comme « ayant en soi quelque chose de divin, principe qui constitue proprement chacun « de nous, puisqu'il est, en nous, la partie dominante et supérieure. » *(Met.,* XII, x, 1-14. *Ethic. Nic.*, X, VII, 8-9).

divin, et cela, *en lui-même*. De ce point de vue, s'expliquent deux textes sur le Dieu d'Empédocle (*Met.*, III, IV, 30; *De Anim.*, I, V, 10). « Dieu, ne pouvant connaître le mal, se trouve être le moins intelligent « des êtres. » Mais ce reproche n'a de valeur qu'au point de vue de l'*entendement discursif*, pour lequel la perfection est de connaître les deux termes de toute opposition, non au point de vue de la *raison théorique*.

L'esprit, à l'état supérieur, saisit, en lui, les états inférieurs sans les discerner. Le monde est un *devenir*; Dieu est l'*être*. L'être du devenir, Dieu l'atteint en soi.

3° Au-dessus de ceux qui font de Dieu un *Intelligible sans sujet*, ou une *Intelligence sans objet*, Aristote conçoit Dieu comme une *Intelligence qui réalise l'Intelligible en se pensant*. L'intelligence est au sommet; c'est le terme absolu : l'intelligible en est l'acte et le rayonnement, comme *l'universel*, τὸ καθόλου, est le rayonnement de l'individuel, τὸ καθ'ἕκαστον.

En résumé, le Dieu d'Aristote est l'intelligence parfaite, prenant conscience d'elle-même, et attirant le monde, sans en connaître le devenir, par le charme de sa souveraine perfection, ἐκ τοιαύτης ἄρα ἀρχῆς ἤρτηται ὁ οὐρανὸς καὶ ἡ φύσις. (*Met.*, XII, VII, 5.)

Admirable conception : est-ce la plus haute qu'on puisse .r de Dieu? Non, car le Bien qu'Aristote identifie avec la Divinité est seulement *spéculatif* et *esthétique*. Au dessus de l'intelligence qui se contemple, il y a la volonté qui se donne. Il est un Dieu supérieur à celui d'Aristote, et la philosophie moderne le connaît. C'est le Dieu qui s'appelle la Bonté suprême et vivante.[1]

---

[1]. Consulter, dans le *Dictionnaire de théologie* des docteurs WETZER et WELTE, (traduction GOSCHLER, T. VI), l'article du docteur STAUDENMAYER sur *Dieu*, § III. L'auteur montre fortement ce qui a manqué au Dieu des plus grands philosophes anciens. « Il ne fut pas donné à Aristote de clore la série de ses idées par celle de « l'*Esprit vraiment absolu*, par celle d'une *Divinité réellement personnelle*, supra- « mondaine, surnaturelle et surhumaine. Ses conceptions restent le plus souvent « négatives. »

NOTE VI

DES PRINCIPAUX RAPPORTS DU SYSTÈME D'ARISTOTE ET DE CELUI DES STOICIENS

Un examen superficiel du péripatétisme et du stoïcisme pourrait, ce semble, conduire à opposer plutôt qu'à rapprocher l'une et l'autre de ces philosophies. Le point de vue d'Aristote, en effet, de même que celui de Platon, est, avant tout, spéculatif. Une première fois, Socrate, réagissant contre les sophistes, a donné à la science un nouveau fondement, la morale, demeurée presque dans l'ombre jusqu'à lui.[1] Mais, avec ses deux successeurs, les beaux jours de la métaphysique ont recommencé! Chez eux, les conceptions morales, quelque définitives qu'elles soient, ne viennent que tardivement, ou comme conséquences d'autres recherches, ou comme préparation à des théories supérieures. Pour Aristote, en particulier, l'homme est bien le terme de la nature, l'œuvre parfaite en laquelle s'épuise son effort; mais l'homme, à son tour, n'existe qu'en vue d'une fin extérieure à lui, la *société*, cause dernière de l'universel progrès, état idéal qui permettra au sage la seule vie aimable en soi, la vie de contemplation intellectuelle.

Les stoïciens, au contraire, apparaissent à une époque de lassitude et d'incroyance métaphysiques. La pensée grecque, dégoûtée des cosmologies audacieuses, tend à ne plus s'exercer en dehors du champ de la pratique. Le platonisme ayant succombé sous les coups d'Aristote, le péripatétisme est allé se perdre lui-même dans les chimériques discussions des disciples. Le scepticisme renaît plus violent,[2] car l'esprit compte une déception de plus. En Zénon et en ses continuateurs, la préoccupation morale qui, grâce à Socrate, s'était substituée un instant à l'étude ontologique, et avait acquis, après Aristippe et

---

[1]. E. BOUTROUX, *Socrate fondateur de la science morale*, in-8°.

[2]. V. BROCHARD, *Les sceptiques grecs*, 1 vol. in-8°, 1887, Alcan. MABILLEAU, *Cours de la Faculté des Lettres de Toulouse.*

Antisthène, une sorte de précision positive, domine, fortifiée d'un mépris plus grand des abstractions, accrue d'un plus vif besoin de certitude et de bonheur.

Aussi ne sera-ce que dans la suite, et plutôt pour défendre ou pour compléter leurs doctrines morales que pour satisfaire à une nécessité de la raison, que les philosophes du Portique institueront, pour leur compte, une logique et une cosmologie.[1] Les cyniques, ces adversaires « des sciences subtiles et ardues, des vaines spéculations « qui n'ont aucun rapport avec la vertu,[2] » voilà, de prime-abord, les réels devanciers, les *maîtres* des stoïciens.

Pourtant, si les deux systèmes d'Aristote et de Zénon dérivent, à certains égards, de tendances philosophiques différentes, le premier est-il resté sans influence sur le second? La critique ne peut-elle, au contraire, toutes oppositions mises à part, trouver, entre l'un et l'autre, bien des relations cachées? Il ne faut pas oublier que, dans l'ordre chronologique, le stoïcisme se développe, en Grèce, postérieurement au péripatétisme. Et c'est là, sans doute, malgré la diversité des points de départ de ces deux philosophies, la cause des nombreux rapports qui les relient, rapports tels qu'à tout prendre, la doctrine du Portique apparaît comme une dérivation, ou mieux comme une *diminution* de l'aristotélisme.

L'idée capitale où se résume l'ensemble des conceptions d'Aristote est celle d' « *acte* », à laquelle la notion même de « *puissance* » se subordonne. L'être sensible, dont l'existence implique quatre causes, la *matière*, la *forme*, le *principe efficient* et la *fin*, n'a pas, en soi, sa raison suffisante. D'une part, sa matière ne possède une réalité, qu'autant qu'elle devient quelque chose ; considérée d'une manière abstraite, elle se réduit à une simple virtualité logique. D'un autre côté, la forme, la cause motrice et la fin s'identifient toutes trois dans le concept plus

---

1. OGEREAU, *Essai sur le système philosophique des stoïciens*, in-8°, 1885, Alcan.

2. CHAPPUIS, *Antisthène*, 1 vol. in-8°, Paris, 1854, Durand, p. 91. « Τὴν ἀρετὴν « τῶν ἔργων εἶναι, μήτε λόγων πλείστων δεομένην, μήτε μαθημάτων. » (Diog. Laerc. VI, 11). « Diogène de Laerte signale le mépris de la science et des « arts libéraux comme un caractère dominant de l'école cynique... en général... « Parole injuste si on l'applique à Antisthène. » (CHAPPUIS, *Antisthène*, p. 115.)

compréhensif d'*acte*, par lequel l'être, de possible qu'il était, s'élève jusqu'à l'individualité effective et concrète.

Maintenant, quel fondement doit-on assigner à cette génération des substances contingentes, dont l'univers est incessamment le théâtre? Non une nature de même espèce qu'elles ; mais un Acte pur et éternel, principe et fin du reste, un Vivant parfait, auquel le monde semble suspendu, une Pensée, à la fois souverainement intelligible et désirable, source de toute intelligence et de tout amour, qui, se connaissant et s'aimant soi-même, aime et connaît, en soi, l'être complet, achevé, indépendant.

Dans cette hiérarchie des formes naturelles, le rôle de l'homme, c'est de constituer, à lui seul, le « *petit monde* » où s'unissent ensemble et l'effort spontané, inconscient, encore physique des réalités inférieures, et ce je ne sais quoi de divin, venu du dehors, l'entendement pur, qui, en nous, participe consciemment à la Suprême Essence et nous révèle notre destinée. Penser et contempler, à la manière de la Divinité même, voilà le bonheur que, sans jalousie, cette Divinité nous accorde parfois. Elle nous immortalise, en quelque mesure.

Monter à cette hauteur, d'ailleurs, n'est possible à chacun qu'au prix de la subordination de l'élément matériel de son être à l'élément spirituel et moral. La vertu, cet harmonieux et habituel équilibre de nos facultés, se ramène, de la sorte, à la perpétuelle domination de la raison en nous, au triomphe de la partie « *noétique* » de nous-mêmes, condition de la véritable sagesse. Et cette vertu, ainsi *surnaturalisée*, ne s'exerce pleinement qu'au sein de la société. D'où, manifestement, pour l'homme comme pour Dieu, le bonheur, c'est la souveraine indépendance créée ici-bas par la *cité idéale* qui, sans nous soustraire aux obligations politiques et morales de l'existence quotidienne, nous prépare, du moins, aux libres recherches de la philosophie.

Partir de ce qu'on pourrait appeler les *sciences poétiques*, c'est-à-dire l'exercice instrumental de l'esprit, travaillant à réaliser des œuvres extérieures à lui ; s'élever de là, par la *connaissance mathématique*, des ténèbres de l'*expérience* à la lumière de la *métaphysique* ; ne considérer les *sciences pratiques*, la *morale*, l'*économique*, la *politique* que comme des *moyens* par rapport à notre *fin*, à la *science théorique*, telle est, d'un mot, la méthode du péripatétisme. Elle consiste donc essentiellement dans la prépondérance accordée à nos deux facultés maîtresses, la volonté, principe des vertus « *éthiques* », la raison, principe des vertus « *dianoétiques* », mais, en même temps, dans la subordination de la première à la seconde. L'intellectualisme apparaît, en dernière analyse, comme le terme logique de la pensée d'Aristote. Il n'y a pas de liberté, il n'y a pas « *de coup d'élection* » là où la délibération est absente : et la délibération, c'est l'entendement même en action.

Le stoïcisme, qu'on l'étudie dans Zénon, Cléanthe ou Chrysippe, semble, au premier aspect, suivre une tout autre marche. Ce qu'il affirme originellement, c'est la valeur absolue de la volonté humaine, le prix de la vertu, de l'inébranlable fermeté, de cette énergie du sage que rien n'émeut et qui résiste à toute épreuve. Sans doute, la science est belle, et une vie morale inintelligente, si elle était possible, serait méprisable et sans dignité. Mais notre grandeur consiste moins dans la culture de notre esprit, que dans la lutte pénible, que dans le lent perfectionnement de notre nature, produit de l'effort, et non de la méditation. Ainsi, ce n'est pas une conception générale du monde et de ses lois, moins encore une laborieuse analyse de nos facultés intellectuelles, qui nous conduit à déterminer le but de notre existence.[1] La doctrine spéculative apparaîtra plus tard, comme conclusion plus ou moins lointaine de la morale. La pratique ne se justifie pas par la théorie, mais, au contraire, la théorie par la pratique. Si la science s'impose à nous, ce n'est pas tant par sa sublimité propre, qu'à cause du besoin quotidien que nous en avons.

Triomphant dans la vie publique, le cyrénaïsme, — qui, avec les prédécesseurs d'Hégésias, comptait aussi ses nobles âmes, — tendait au relâchement des volontés en même temps qu'à la destruction de tout idéal supra-sensible. Il y avait là, pour la personnalité, ou une honteuse abdication avant le combat, ou une faiblesse inavouée après la défaite. Antisthène, malgré ses défaillances, avait déjà protesté, au nom de la dignité humaine, contre cet *immoralisme* dissolvant. Mais bientôt ses disciples, en proscrivant, de parti-pris, toute étude scientifique, s'étaient mis dans l'impuissance d'exercer utilement une réaction

---

1. Aristote a pu inspirer cette pensée : « οἱ γὰρ περὶ τῶν ἐν τοῖς πάθεσι « καὶ ταῖς πράξεσι λόγοι ἧττον εἰσι πιστοὶ τῶν ἔργων. » *(Ethic. Nic.*, X, 1.)

quelconque. Le cynisme, si l'on oublie ses aberrations, eût fait peut-être des héros ; il se condamnait à ne point produire de sage.

Le stoïcisme reprend, à son tour, l'idée capitale de la philosophie d'Antisthène, la notion de « *tension* », d' « *effort volontaire* », mais il ne s'y arrête pas ; il l'approfondit plutôt, et essaie d'en découvrir comme une confirmation supérieure, dans des considérations empruntées à la logique et à la métaphysique. La fin à laquelle aspire l'homme, c'est l'*impassibilité*, ἀπάθεια, qui le place à l'abri des déceptions, la *liberté intérieure*, αὐτάρκεια, qui l'amène à découvrir en lui tous les biens désirables, *la sérénité*, enfin, ἀταραξία, cette parfaite paix de l'âme, ce calme divin qui dominent tout.

Atteindrons-nous à une semblable indépendance, soit par la suspension de tout jugement, comme le pensent les pyrrhoniens, soit par une sorte d'arithmétique des plaisirs, ainsi que le soutient Epicure[1] ? La tranquillité d'esprit n'est point une diminution, encore moins une renonciation de notre activité. Selon la vue admirable d'Aristote, l'acte, au contraire, constitue l'essence même de notre vie. Or, qu'est-ce qu'*agir* vraiment, sinon *vouloir*, et, résistant à toute passion intérieure comme à toute sollicitation externe, se commander perpétuellement? Philosopher et rester maître de soi ne font qu'un. Le sage se repliera donc sur lui-même, mais non pour douter, ce qui est une impossibilité, ni pour chercher le plaisir dans une moindre souffrance, ce qui est une illusion. Il ne s'effraiera point de la douleur, qui n'est qu'un mot ; il se formera graduellement par l'exercice ; il croira en lui, d'abord, principe de son affranchissement, au monde qui l'environne, ensuite, terme sans lequel son insensibilité et sa tension manqueraient d'objet.

La morale stoïcienne part donc, après celle d'Aristote, de l'idée de *cause*, de *cause volontaire*, et fonde ainsi une sorte de dogmatisme logique également lié au péripatétisme. Les deux pôles de toute connaissance qu'Aristote découvrait, en les unissant, dans la sensation, les stoïciens les trouvent, en quelque manière, dans l'intuition immédiate du volontaire et de l'involontaire, dans la conception originelle de ce qui dépend de nous et de ce qui n'en dépend pas. Cette distinction, tirée pareillement de l'Ethique à Nicomaque, de seconde qu'elle était, devient ici primordiale. Ce n'est pas là, sans doute, une théorie de la

---

[1]. Guyau, *La Morale d'Epicure*, 1 vol. in-8°, Alcan.

science, et Zénon et ses successeurs seront amenés, par les nécessités de la pensée, à poser, tôt ou tard, le problème de la raison humaine. Mais il n'en demeure pas moins vrai que leur point de départ aura été moral, et que si, ultérieurement, ils cherchent à développer le bon sens et le jugement, ce sera encore pour mieux mettre en lumière les vérités de l'ordre pratique.

L'homme seul peut se vaincre et changer ses désirs, sinon l'ordre du monde, dit Descartes après les philosophes du Portique. Rien n'est entièrement en notre pouvoir que nos pensées. Qu'est-ce donc que cet univers soustrait à notre empire, et que nous révèle-t-il ? *Agissant* comme les êtres qui en font partie, il a, de même qu'eux, une âme, une force interne et cachée, une sorte de feu artiste, principe de détermination et de mouvement. Pas plus que les nôtres, ces mouvements n'ont lieu au hasard ; volontiers, les stoïciens rediraient-ils, avec l'auteur de la Métaphysique, que l'univers n'est point une mauvaise tragédie, une collection d'épisodes, et qu'il convient qu'un seul chef y règne. L'âme du monde est donc intelligente ; elle gouverne et règle tout pour le mieux.

Ainsi, l'optimisme d'Aristote et sa théorie de la cause finale se retrouvent encore dans l'ontologie stoïcienne ; mais le matérialisme du système transforme ces grandes conceptions en les amoindrissant. Transcendant dans le péripatétisme, Dieu, pour les stoïciens, devient immanent au monde. A leurs yeux, l'homme qui connaît ne participe plus seulement de la Divinité ; dans sa pensée comme dans son acte, l'homme est véritablement Dieu : notre âme n'existe, en effet, qu'en tant qu'*effusion momentanée* du Verbe Séminal. Il y a plus : en un sens, le sage même est supérieur à Dieu. Philosophes, nous aurions pu ne point nous élever à cette vertu qui, une fois acquise, ne saurait nous être ravie. Il était en notre pouvoir de nous soustraire, sinon dans l'inflexible déterminisme des faits, du moins dans notre volonté, dans notre intention morale, à l'ordre universel. Dieu, au contraire, se révèle, comme contraint, par nature, au meilleur. Grands, dès lors, par notre parenté avec l'âme cosmique, nous sommes plus grands encore quand, résistant aux appels des sens, nous supportons l'épreuve et nous abstenons sans regret de tout désir. Capables de nous abaisser jusqu'à la vie animale, nous avons, en quelque sorte, vaincu l'immuable Divinité, puisque, par notre perfection progressive, nous avons changé notre essence ; puisque, d'abord privés du bien, nous l'avons acquis ; pauvres, nous sommes entrés en possession des richesses de l'âme.

Quelle est la raison dernière de cette opposition entre l'eudémomisme moral d'Aristote, fondé sur un théisme métaphysique, et l'éthique stoïcienne, qui aboutit à la déification de l'homme? Ne serait-il pas possible de découvrir également, dans une interprétation inexacte et incomplète des théories péripatéticiennes, la cause explicative, sinon justificative, de l'erreur de Zénon?

Aristote considère la sensation comme le point de départ, mais non comme l'unique facteur de l'élaboration intellectuelle. A la vérité, il n'y a rien de connu pour nous, indépendamment de l'image, laquelle procède nécessairement de l'aperception sensible. Néanmoins, cette image est transformée et idéalisée par l'esprit. L'imagination, en un mot, ne rend compte que du premier degré de la connaissance. Elle apparaît comme le *lieu des représentations concrètes*, par suite, comme une faculté encore inférieure et animale. Elle ne s'exerce que sur le particulier ; et le particulier ne relève point du domaine de la science.

Au-dessus de l'imagination, opère donc une énergie d'un autre ordre, l'entendement, νοῦς, intellect purement *possible* d'abord, c'est-à-dire capable de recevoir ce que l'image individuelle renferme de caractères généraux, l'être, la substance, l'ensemble des *catégories*, ou, en d'autres termes, les divers concepts rationnels qui, peu à peu, se dégagent, pour nous, de la réalité sensible. Mais cette *puissance* de l'entendement ne devient, elle-même, une habitude acquise, ἕξις, que grâce au second pouvoir intellectuel dont nous sommes doués, celui d' « *éclairer les fantômes* » (les représentations particulières), et d'en abstraire ainsi les éléments universels qu'ils contiennent virtuellement.

Désormais, et les dix Idées maîtresses de l'esprit[1] étant, quant à leur matière, empruntées à l'expérience par cette sorte de réflexion supérieure, tout acte logique trouve son fondement suffisant. Des *notions incomplexes*, κατηγορίαι, la pensée va, en premier lieu, jusqu'au *jugement*, appréhension composée de deux concepts, περὶ ἑρμηνείας ; entre l'un et l'autre termes, le rapport lui échappant le plus souvent, elle a recours

---

1. Οὐσία, ποσόν, ποιόν, πρός τι, ποιεῖν, πάσχειν, ποῦ, ποτέ, κεῖσθαι, ἔχειν.

à une moyenne idée qui permet une comparaison, et institue le raisonnement, ἀναλυτικά πρότερα. Mais le syllogisme ne forme qu'une méthode en vue d'une fin en soi, la vérité, laquelle s'acquiert par la démonstration, ἀναλυτικά ὕστερα ; vérité que la précipitation ou la prévention, c'est-à-dire les causes logiques et morales de nos erreurs, περὶ σοφιστικῶν ἐλέγχων, obscurcissent parfois, mais qui se manifeste, cependant, comme accessible, pourvu que des règles sûres, τοπικά, nous permettent de l'atteindre.[1]

Ainsi se termine la progression dialectique des conceptions rationnelles d'Aristote. Parti du phénomène de la sensation, il s'élève, peu à peu et comme par degrés, jusqu'à la connaissance théorétique, intuitive d'abord, discursive ensuite. La question qui reste à résoudre est celle de l'intellect agent ; mais à peine se pose-t-elle ici. Quelle est la nature

---

1. Il serait inutile et même téméraire de résoudre ici *à priori* la question de savoir si Aristote a réussi dans son entreprise, au sujet de la logique. Les catégories sont-elles seulement des concepts essentiels de l'esprit, et, en somme, Aristote n'a-t-il examiné que la constitution subjective de l'entendement ? N'a-t-il pas décrit plutôt les éléments ontologiques des choses ? Les détracteurs du péripatétisme soutiennent que, le mouvement étant une idée objective, on ne peut, sans contradiction, le faire entrer dans la pensée. C'est l'antique argumentation de Zénon d'Elée. Aristote, disent-ils avec Kant, a fait de l'ontologie et non point de la logique ; il s'est contenté de systématiser les apparences de la réalité. La logique conduit-elle à l'appréhension de l'universel ? Arrive-t-elle au nécessaire ? — Hamilton, en parlant de la sorte, nous semble être dans le faux. Evidemment, il ne s'agit, ici, pour Aristote, que d'une nécessité subjective.

Quelle est la part de l'ὄργανον dans l'œuvre du philosophe ? L'ὄργανον ne constitue pas, pour lui, la logique tout entière. Ce nom même est très postérieur aux traités qu'il désigne. Il n'a été employé par aucun péripatéticien direct ; et on le trouve, pour la première fois, dans les ouvrages de l'école d'Alexandrie, Τὸ ὀργανικόν μέρος. Nous en dirons autant, dans une certaine mesure, de l'ordre adopté pour la classification des six πραγματεῖαι. Adraste d'Aphrodise même plaçait les *Catégories* immédiatement avant les *Topiques*. Quelle que soit l'opinion à laquelle on se range (et la plus communément admise paraît la plus rationnelle), il convient de séparer les deux derniers traités comme s'occupant de la *matière* de la connaissance, bien qu'ils soient, d'ailleurs, *formels* aussi, en quelque manière.

Maintenant, y a-t-il eu, pour Aristote, autre chose à faire, en logique, qu'à *démontrer* une *vérité acquise* ? C'est par l'examen de l'*Histoire des animaux*, du *De Generatione*, de la *Météorologie*, du *de Cœlo*, de la *Politique*, etc., qu'il faudrait répondre. Là, le philosophe a prouvé qu'il connaissait déjà le procédé par lequel se construit la *science objective, l'observation*. Dès lors, les critiques de Bacon et d'autres penseurs modernes sont fort injustes. La méthode scientifique d'Aristote, c'était l'*induction*. A côté de sa logique *à priori*, il faudrait donc placer une autre logique, la logique objective, qu'il connaît et qu'il applique, s'il n'en formule pas les lois. Cette logique, Bacon ne l'a peut-être pas soupçonnée, et, en tout cas, elle n'a été sysmatisée qu'à notre époque, par Stuart Mill. (Cf. MABILLEAU, loc. cit. ; BARTH. SAINT-HILAIRE, *De la Logique d'Aristote*, 2 vol. in-8°, Paris, Ladrange, 1838).

de cette activité supérieure, de cette force d'illumination qui dégage, si l'on peut dire, des scories de la perception sensible, ce qu'il y a de pur dans l'être ? L'intellect agent, est-ce Dieu même, ou quelque substance impersonnelle, analogue à l'âme du Ciel, comme l'enseigneront un jour, après certains Alexandrins,[1] les commentateurs Arabes d'Aristote ? Est-ce plutôt, selon l'opinion de saint Thomas, une constante participation du Divin, — participation telle qu'elle n'altère en rien ni la personnalité de l'Etre suprême, qui donne, ni la nôtre, qui reçoit, — sorte de reflet, communiqué à chacun de nous, de l'éternelle omniscience ? N'est-ce enfin, ainsi que le croient les péripatéticiens immédiats, et, plus tard, les disciples d'Alexandre d'Aphrodisias, qu'une sorte de Dieu corporel et spirituel tout ensemble, présent momentanément à notre être, mais qui, au fond, ne constitue qu'une partie de l'être universel, du monde animé et vivant ?

Cette dernière théorie devait nécessairement, par suite des tendances matérialistes et panthéistiques de leur système, devenir celle des stoïciens. C'est donc, de même, pour ne point adopter en son entier la solution aristotélique, pour l'amoindrir en s'en inspirant, que la philosophie du Portique aboutit, sur le problème de la connaissance, à des conclusions contradictoires.

Connaître, dit Zénon, c'est avoir des sensations. De la sensation viennent toutes nos idées ; elle seule réunit les matériaux multiples sur lesquels l'entendement opère. Rien n'est pensé, qui n'ait, d'abord, été perçu. La représentation, φαντασία (terme que Cicéron traduit par le mot *risum*), impression produite sur l'âme, τύπωσις ἐν ψυχῇ, changement, modification de notre être, ἀντὶ τῆς ἑτεροιώσεως, sert de fondement à nos conceptions en apparence les plus immatérielles. Les notions générales, ἔννοιαι, ne sont donc qu'un résumé et comme une collection d'images particulières. La raison, dans sa partie supérieure, τὸ ἡγεμονικόν, se borne à coordonner et à classer les représentations sensibles ainsi abstraites de la réalité corporelle. La raison, corps subtil, c'est seulement le sujet de perceptions variées, ποικίλως φαντασιούμενον. « Les stoïciens enseignent que, lorsque l'homme « voit le jour, la partie principale de son âme est, pour lui, comme un « parchemin ou comme des tablettes, ὥσπερ χαρτίον ἐνεργὸν εἰς ἀπογραφήν,

---

1. JULES SIMON, *Hist. de l'Ecole d'Alexandrie*, 2 vol. VACHEROT, *Hist. critiq. de l'Ecole d'Alexandrie*, 3 vol. BARTHÉLEMY SAINT-HILAIRE, *L'Ecole d'Alexandrie*, etc.

« sur lesquelles il note et inscrit chacune des connaissances qu'il
« acquiert. Il note, d'abord, les perceptions des sens. S'il a eu une
« sensation quelconque, celle du blanc, par exemple, lorsqu'elle a
« disparu, il en conserve la mémoire. Dès que plusieurs réminiscences
« semblables se sont associées, alors, selon les stoïciens, il y a de
« l'*expérience*, τότε φασὶν ἔχειν ἐμπειρίαν. Car l'expérience n'est que le
« résultat d'un certain nombre de sensations homogènes. Nous avons
« déjà dit comment les *notions naturelles*, φυσικαὶ ἔννοιαι, se perçoivent
« sans aucun secours étranger ; les *autres sont le fruit de l'instruction et
« du travail ;* aussi sont-elles les seules que l'on appelle proprement
« *notions*, ἔννοιαι ; les premières sont des *prénotions* ou anticipations,
« προλήψεις.[1] »

A vrai dire, c'est à peine si le problème de la connaissance
intellectuelle se pose encore : l'esprit, en définitive, n'est-il point
corporel, au même titre que les objets qu'il saisit? Vainement essaie-
t-on d'échapper à l'empirisme, en proclamant, en même temps que
l'originelle matérialité, l'activité spontanée de la pensée. Sans doute,
suivant Zénon, dans l'acquisition même des premiers éléments de nos
jugements, nous ne demeurons point passifs. L'âme, étant une force,
trouve à s'exercer dans la sphère de la logique, autant que dans celle
de la morale. La sensation, en effet, ne se confond pas avec la simple
impression produite par l'objet, αὐτὴ γὰρ ἡ φαντασία ἐναργὴς οὖσα καὶ
πληκτική.

La sensation est déjà un acte volontaire, *assensio animorum volun-
taria,* un effort de notre énergie intérieure répondant à l'impression
externe. Il y a là comme un commencement d'assentiment, συγκατάθεσις,
que rendront bientôt plus complet l'élaboration, la transformation des
matériaux reçus. En outre, à cette adhésion rationnelle, deuxième
moment de la connaissance, succède la compréhension, κατάληψις,
qui n'est, à son tour, qu'une opération préparatoire. L'image, idéalisée,
devient compréhensive, φαντασία καταληπτική. Enfin apparaît l'œuvre
de la science, ἐπιστήμη, et, pour que cette science se constitue, il faut
que nos représentations compréhensives soient rattachées les unes aux
autres, généralisées, reliées à des intelligibles, κατ' ἀναφορὰν τὴν ὡς ἐπὶ
τὰ προκείμενα τούτοις νοητά. De là, la comparaison célèbre fondée sur
les diverses positions que peut occuper la main, dans son effort

---

1. Plutarq. *De Placitis Philos.,* IV, 11, traduction Laforêt.

graduel pour s'approprier les choses. « Lorsque, les doigts étendus, « Zénon présentait l'intérieur de la main : « voilà, disait-il, l'image de « l'*aperception*, φαντασία. » Ensuite, il ajoutait, repliant un peu les « doigts : « Tel est l'*assentiment, συγκατάθεσις.* » Alors, serrant les « doigts et fermant le poing, il disait : « Vous voyez l'emblème de la « *compréhension, κατάληψις.* » Enfin, mettant la main gauche sur la « droite, et se tenant le poing étroitement et fortement serré : « Voilà, « disait-il, la science, ἐπιστήμη, que personne ne possède, excepté le « sage.[1] »

Mais, demandera-t-on avec les académiciens, comment donner une valeur absolue, universelle, scientifique, à des notions qui ne reposent que sur le fondement fragile de la sensation ? L'esprit peut-il conférer à ce qui passe les caractères de nécessité et de généralité qu'il ne possède pas lui-même ? « A ce qui est aperçu et, pour ainsi dire, reçu « par les sens, répond Zénon, il faut joindre l'approbation de l'esprit, « qui vient de nous, qui est volontaire. On ne doit pas ajouter foi à « toutes les aperceptions, mais seulement *à celles qui portent le caractère « propre des objets aperçus.*[2] » La représentation compréhensive véritable est donc celle qui procède d'un objet réel, représentation conforme à cet objet, et qui ne saurait être l'effet d'aucun autre. Soit : mais encore le stoïcisme a-t-il à indiquer, — son point de départ unique étant la sensation, — à quelle marque on discerne une représentation véridique d'une représentation purement imaginaire.

Les plus anciens de l'école du Portique font appel à *la droite raison*, qu'ils regardent comme le criterium dernier de la vérité. « Ἄλλοι δὲ « τινες τῶν ἀρχαιοτέρων στοϊκῶν τὸν ὀρθὸν λόγον κριτήριον ἀπολείπουσιν.[3] » La droite raison existe, elle correspond à quelque chose de réel, dans un innéisme supérieur qui admet, outre les produits de la sensation (si purifiés qu'on les suppose), une puissance *spirituelle*, un principe *essentiellement* distinct du corps, une cause transcendante à la fois intelligible et intelligente. Or c'est ce que le matérialisme panthéistique de Zénon ne peut faire. Chrysippe, à côté de la sensation, reconnaîtra un autre critère, l'anticipation, ὁ δὲ Χρύσιππος... κριτήρια φησὶν εἶναι αἴσθησιν καὶ πρόληψιν. Mais, comme tout le reste, l'anticipation

---

1. Cicéron, *Académ.*, I, II, xlvii.
2. Cicéron, *Acad.*, II, I, xi.
3. Sext. Emp. *Adv. Math.*, VII, liv.

provient d'une généralisation des matériaux dûs à l'expérience :
« "Εστι δ' ἡ πρόληψις ἔννοια φυσικὴ τῶν καθόλου.[1] »

Ou bien il faut revenir à la doctrine d'Aristote qui place, au-dessus du monde des sens et de notre activité inférieure, un monde métaphysique, une énergie rationnelle et divine, laquelle retrouve dans l'univers les caractères ontologiques de l'être, parce que l'ordre même de l'univers est engendré par Dieu ; ou bien la sensation est conçue comme le seul criterium de nos connaissances. En d'autres termes, entre l'intellectualisme qui mène à un spiritualisme absolu, et l'empirisme qui est la conséquence rigoureuse du matérialisme, il n'y a pas de milieu.

En résumé, si le système de Zénon aboutit, ici comme ailleurs, à des affirmations contradictoires, c'est qu'il procède d'un péripatétisme incomplet, impuissant, dès lors, en présence des subtiles et profondes négations d'un Arcésilas ou d'un Carnéade. Pour avoir fui, dès le début, la solution des questions spéculatives, et s'être, à la manière des cyniques, enfermés plus ou moins exclusivement dans la sphère de la pratique, les stoïciens ont dû succomber, à leur tour, sous les coups de l'argumentation des sceptiques. Il n'y eût pas eu de Carnéade, s'il n'y avait pas eu de Chrysippe.

Logiquement, la morale ne constitue pas le point de départ, mais l'un des points d'arrivée, l'un des termes de la philosophie. La foi des stoïciens à l'idéal, sublime à certaines heures, manque de fondement théorique. Entre ce qu'ils veulent et ce qu'ils ont le droit de croire (leur conception générale étant donnée), il n'y a nulle proportion. Admirables parfois dans leurs actions, ils sont inférieurs aux autres et à eux-mêmes dans le champ de la science. C'est que la volonté, malgré sa noblesse, n'est pas tout en nous. Se flatter d'édifier, antérieurement à la métaphysique, une philosophie exclusivement terrestre et humaine, refuser de dépasser la nature sensible, et sacrifier la spéculation à un besoin étroit de réalité concrète, ce n'est là qu'une tentative vaine, portant en soi un germe de destruction. Il n'y a pas de morale sans au-delà ; il faut à la pensée une certitude rationnelle, pour la séduire et l'entraîner, pour que, sortant d'elle-même, elle oublie les misères de l'existence présente, et travaille en vue du Bien à venir. Si la raison pratique possède une

---

1. Ibid.

valeur plus grande que la raison pure, comment justifier suffisamment les commandements de cette raison pratique même ?

Né d'une aspiration de l'âme, le stoïcisme n'a su ou n'a pu offrir à la dissolution morale du dernier âge de la Grèce antique, qu'une doctrine de *résistance* et d'imperturbabilité égoïste, au fond, de stériles préceptes d'inertie et de désespérance. Le découragement, la souffrance dans la défaite s'imposent au naturalisme, à mesure que les temps s'avancent et qu'augmente le vide des cœurs. Voilà ce qu'Aristote entrevoyait peut-être, quand, malgré sa tendance à borner nos vœux à l'éphémère vie d'ici-bas, il suspendait pourtant l'univers fasciné à l'attrait de la Beauté éternelle.[1] Et voilà surtout ce que comprendra le Christianisme, avec sa morale d'*attaque*, qui, divinisant la science grecque en même temps que la faisant sienne, ne promettra plus seulement à l'homme une vague participation à la perfection entrevue, mais, après les luttes et les épreuves de ce monde, la suprême consolation d'un monde meilleur.

---

1. Voir Léopold Mabilleau, *Cours de la Faculté des Lettres de Toulouse*. Cf. Ollé-Laprune, *Essai sur la Morale d'Aristote*.

ERRATA

Page 21, ligne 16, et page 47, ligne 20, il est question de « *la notion moderne et essentiellement chrétienne de création libre.* » Il est clair qu'on n'a pas entendu séparer ici le Christianisme de la doctrine mosaïque, « celui-là ayant, » selon le mot du docteur Staudenmayer, « un évident rapport d'origine avec celle-ci. » (Artic. *Dieu*, § III, du *Dictionnaire* de Wetzer et Welte, traduct. Goschler, T. VI).

Page 23, ligne 35, au lieu de διαφορὰ, lisez διαφορὰ.

Page 24, ligne 33, au lieu d'*Averroës*, lisez *Averroès*.

Page 27, ligne 3, au lieu de *voir voir*, lisez *voir*.

Page 39, ligne 5, au lieu d'*idées*, lisez *Idées*.

Page 45, ligne 47, au lieu d'*Averroës*, lisez *Averroès*.

Page 46, lignes 17 et 45, au lieu d'*Averroës*, lisez *Averroès*.

Page 48, ligne 26, au lieu de *Gonzalès*, lisez *Gonzalez*.

TABLE DES MATIÈRES

Pages

POLÉMIQUE D'ARISTOTE CONTRE LA THÉORIE PLATONICIENNE DES IDÉES.... 9

   I. Argumentation d'Aristote contre la Théorie de Platon............ 12
   II. Essai de synthèse du Platonisme et de l'Aristotélisme............. 23

APPENDICE. *Eclaircissements sur quelques points du Péripatétisme*............ 31

   Note   I. Du Platonisme.. 33
   Note II. De la Théorie de la Réminiscence.......................... 37
   Note III. Théorie péripatéticienne de la connaissance intellectuelle... 42
   Note IV. Théorie de l'être, d'après Aristote........................ 49
   Note V. Du Dieu d'Aristote... 52
   Note VI. Des principaux rapports du système d'Aristote et de celui des stoïciens.. 61

ERRATA.. 75

www.ingramcontent.com/pod-product-compliance
Lightning Source LLC
LaVergne TN
LVHW051512090426
835512LV00010B/2491